JN411305

나목의 나이테

임만근 7시집

ⓒ 나목의 나이테

지은이 • 임만근

펴낸이 • 강옥현

주 간 • 양재일

발행처 • 도서출판 오감도

초판인쇄 • 2019년 3월 12일

초판발행 • 2019년 3월 15일

전화 010-3206-2591 070-7778-2591

팩스 (031) 775-0161

출판 등록일 • 일제 10-1651(98. 10. 15)

서울시 중구 을지로3가 268 유일빌딩 604호

ISBN 978-89-5698-365-3 03810

값 10,000원

* 이 책은 한국예술인 복지재단으로부터 제작비를 지원받았습니다

* 이 도서의 국립중앙도서관 출판예정도서목록(CIP)은 서지정보유통지원시스템 홈페이지(http://seoji.nl.go.kr)와 국가자료종합목록 시스템(http://www.nl.go.kr/kolisnet)에서 이용하실 수 있습니다.
(CIP제어번호 : CIP2019007203)

✍ 시인의 말

일곱 번째의 시집을 내면서 감회가 크다. 지금까지 출판된 어느 시집과는 달리 사뭇 다른 느낌이 들어 조바심이 된다.

마치 낯선 장르의 서문을 쓰듯 몹시 두렵고 떨리는 마음이다.

1999년 7월 등단 후 써둔 시편들 중, 묵혀두기에 아까운 그간 발표치 못한 순수한 서정시들을 모아 5부까지 엮어보았다. 1부 〈햇살을 보다〉, 2부 〈꿈을 찾아서〉, 3부 〈아픔을 딛고〉, 4부 〈다시 동녘하늘을 보다〉로 엮고 있다. 마지막 5부〈믿음으로〉는 첫 번째 신앙시집인 제4시집에 이어 두 번째 신앙시의 일부를 엮은 것이다.

이번 제7시집은 그간 살아온 나의 인생역정 중 아픔 속 전성기에 쓴 작품들이기도 하다. 아픔을 극복하고 긍정적인 사고로 살아보려는 노력을 노래하고 있다.

해를 거듭할수록 아쉬움만 남는 것이 생,
그것이 삶이 아닌가 싶은 생각의 결론에 다다른다.

단 한 편의 시라도 독자의 가슴 속에 남았으면 하는 바람으로 이 시집을 바친다.

2019년 3월 일

1부

햇살을 보다

둥지 • 012
시인과 바다 • 014
탈춤 • 016
꽃과 나 • 018
홰에 오르다 • 020
가을 그늘 • 021
풍경 2 • 022
오이도에서 • 024
궁평 낙조 • 025
잔칫상 • 026
무의도에서 • 027
종착역 • 028
봄을 재촉함 • 029
미소 2 • 030
대팻밥 • 032
봄의 소리 • 034
아버지의 DNA • 035
펜 • 036

2부

꿈을 찾아서

올림픽공원 내 조각공원 • 038

미로찾기 • 040

적막 속에서 • 042

패랭이꽃 • 043

호접란 • 044

흉내 내기 • 045

그 도시 • 046

하얀 꿈 • 048

만추 2 • 050

꽃향기 • 051

막차도 놓치다 • 052

시인의 고백 • 053

잘 • 054

민들레 • 056

등대 • 058

넥타이 • 059

말 • 060

그리움 • 061

돌 • 062

3부

아픔을 딛고

강가에서 • 064

열대야 • 066

꽃길 • 068

L씨의 하루 • 069

통곡 2 • 072

아버지의 손전화기 • 073

응시 • 074

오열 • 076

생존의 힘 • 078

별리를 위하여 • 080

세한도 • 082

절규 • 084

기러기 울음 • 086

육교 위에서 • 088

방황의 덫 • 090

경계에 서서 • 092

천변 풍경 • 094

하얀 방황 • 096

4부

다시 동녘하늘을 보다

닻 • 098
동백마을에 가서 • 100
연안부두 • 102
당신은 따뜻하고 나는 차고 • 104
아침 햇살과 닫혀 있는 문 • 106
향일암 가며 • 108
용추폭포 • 110
날개 2 • 112
흠모 • 113
자작나무의 꿈 • 114
달 • 116
제부도 • 118
궁평 낙조 2 • 120
선상에서 • 122
파도의 눈 • 124
갈증 2 • 126

5부
믿음으로

아마도 우린 모두 • 128
나를 모르는 그대에게 • 130
아멘 주 예수여 오시옵소서 • 132
그릇 • 134
징후 • 136
의자 • 138
바다 소리 • 140
향기 2 • 142
뿌리 • 144
이제 나는 • 146
자물통 • 148
4월은 • 150
거울을 보다가 • 152
부활의 예수님 • 154
목소리 • 156

✍ 후기… 참으로 신자답게 살고 싶었습니다 • 157

1부

햇살을 보다

둥지

손바닥마한 근린공원 정자에
한 남자가 앉아있다
몸을 푼 듯 날씬한 몸매의 참새 한 마리
그 남자의 동공 앞에 포르르 날아 앉는다
뒤쫓아 또 한 마리 날아 앉는다
뒤쫓아 또 한 마리 날아 앉는다
한 줄금 뿌려지는 비에도 아랑곳 않고 셋은
팔딱팔딱 뛰어다니다
무언가 찾아 부리에 물고
둥지 튼 그 남자의 가슴으로 포로롱 날아든다
그 남자는 넋새가 되어 지금 한창 하늘을 난다
천 리 밖 두고 온 고향집 한낮 어둔 마당에
날개를 접고 살포시 날아 앉는다
설렘 속 깊은 가슴에서 가족들의 얼굴을
하나하나씩 꺼내본다
그 남자는 눈시울이 자꾸만 뜨거워 오는 걸
견딜 수 없어

불현듯 젖은 돌멩이 하나를 집어 들곤
아픔을 향해 던진다

나의 가슴팍에
툭, 떨어지는 소리

시인과 바다

시인의 가슴 속으로
바다가 걸어 들어왔다
콩당 콩당, 심장의 이첨판과 반월판이
닫히는 소리 숨 가쁘게 풀어놓고 있는
바다의 심음 들으며 시인은 바다를 포옹한다
하얀 돛을 달고 앞 다투어
푸른 바다를 가르며 달려갔을 요트의 질주를
놓치고 만 아쉬움도 없는지 초연超然하게
시인은 몇 점 섬들과 빈 요트 몇 척 올려놓은
바다를 바라보고 섰다
시인의 눈은 그저 황홀하다
요트대회가 끝난 다음날 이곳 전곡항＊엔
퇴역하지 못한 국기들만 펄럭이고
과시와 황금을 뿌리다가 마감한 행사장은
쓸쓸하기만 하다 그러나 시인은
생의 어떤 비애도 목마른 갈망도
궁핍함의 후유증도

목젖에 걸려 넘길 수 없는 생의 샛노란 근심도
모두 잊은 채
너그러운 바다가 된다

* 전곡항 : 경기도 화성시에 있는 요트 계류장이 조성되어 있는 곳으로 국내 최대 규모의 뱃놀이 해양축제가 열리는 곳이다.

탈춤

알 수 없네
정말 알 수 없네
가끔은 잊고 사는 것
사랑도 잊고 미움도 잊고
만났다간 헤어지고 헤어졌다 다시 만나곤
그런 저런 인연도
죽음도
가끔은 잊고 사는 것
그러다 보면 정이 들고
아옹다옹거리며 사람들은 정을 붙이고
양면의 탈을 쓰고 사네
몸과 마음 하나 묶어 고운 춤 출 적이면
아픔 잊고 신명 올라
다시금 웃네
천지만물 간 맥 아니 노는 것 없네
어둠에 가려지고 역사의 동굴 속
깊숙 감추어진 비밀도

환한 대낮같이 환유로 드러나네
턱을 조아리고 삶의 애환
손끝발끝 미미한 몸놀림에도
덩더쿵 모두가 하나 되네
사랑으로 하나 되네
맴도는 세상살이 누군가
가벼이 끌어주네
경계의 노오란 장다리꽃밭
나풀나풀 배추흰나비

꽃과 나

꽃을 보면 나는 그 꽃 속으로 들어간다
관공서 벽이나 혹은 그 입구 간판에도
그럴싸한 꽃은 피어있다
너무 오래오래 피어있어
애당초 그 꽃의 입안자도 생김새와
빛깔과 향내를 잊고 있을 것이다
아픔을 게워낸 진창 속 핀 꽃은
차라리 생기가 돋고
목이 터져라 외쳐대는 꽃의 혼 정의는 살아있다
꽃말도 갖지 못한 가련한 꽃을 보면
나도 그 꽃이 된다
그 꽃 속으로 들어가 눕는다
그 꽃들이 좋아
누워서 꽃의 맥박소리를 듣는다
발 닿는 어느 곳이든
내 꽃은 피고 정의는 살아있다
아름다운 꽃을 피우기 위해 어둠 속에서도

내 꽃은 신음하며 숨을 고른다
어린아이같이 꽃시계의 초침이 빙그르르 돌고 있는
어느 꽃동산 온종일 뛰어다니다가
나는 몸져눕고 만다

홰에 오르다

엊그저께는 토종 수탉 두 마리가 보였는데
그저께는 한 마리뿐이었다
어쩌다가 주인 잘못 만나 한 두름의 암컷
못 거느려보고 수컷 행세 한 번 못해 보고
때도 없이 먼산바라기로 목청 놓아 울더니
어제는 그 한 마리마저 종적을 감추었다
좋든 싫든 살아야 하는
운명에 결박당한 새 토종닭 몇 마리가
오늘은 그들 역시 다가올 운명 아무것도 모른 채
반짝이는 아침 햇살 몇 번 쪼다가
겨우내 던져둔 텃밭자락에
동전처럼 떨어져 피어 있는
풀죽은 민들레꽃 한 송이 실없이 건드려 본다
다가올 운명 짐작이라도 했을까
겁먹은 발걸음 무겁게 떼어놓으며
홰에 오른다 불쌍한 수탉들
내일은 저들도 볼 수 있을는지……

가을 그늘

외투를 걸친 늦가을 바람
그늘을 데리고 성큼 나의 곁에 다가선다
공허한 건 내 마음이다
망초 비운 자리 들국화 한창인데
추수 끝낸 저 들녘 너머로
쓰르라미소리 귀뚜라미소리 언제 거두어 갔는지
모르다가, 뚜벅뚜벅 걸어드는 그늘을 본다
자꾸 외롭고 슬퍼지려는 눈빛을 한 그늘은
설핀 나의 옆구리를 싸락싸락 어미 쥐처럼 쏠고,
쏠린 그 구멍으로 문득
학창시절 하얀 목양말 신은
단발머리 소녀들 뒷모습 끌어내 놓는다
그것도 잠시, 너무 먼 길을 혼자 온 듯
잎 떤 배롱나무 가지에 머문 가을 그늘이
쭈뼛쭈뼛 갈기를 세우고 나를 노려볼 때
빛이 짓는 그늘보다 더욱 짙은 내 마음의 그늘

풍경 2

폭 5m 남짓 되는 도로 위로
전신주에 매달린 검은 뇌혈관들이 어지럽다
한때 집장수들이 지어놓은 작은 성냥갑 모양의 붉은 2층집들이
빼곡한 이쪽과 저쪽을
갈라놓은 2차선 차도 위로
마을버스가 짬짬이 지나가고 연방
딸랑거리며 차떼기 두부장수가 지나가고
과일장수 야채장수가 달팽이처럼 기어간다
간간이 낡은 텔레비전과 냉장고를 실은 트럭이
노루처럼 2차선도로 위를 뜀박질한다
신호등이 없는 차도를 가로질러
얼음과자를 쭉쭉 빨아대며
교복 입은 중고생들이 어기적거리며 스며든다
하교시간에 맞춰 학교 앞에서 아이들을 싣고 온 학원 버스가
차도로 접어들자

피로에 지친 아이들을 몇 부려놓고 어디론가 황급히 달려간다

길바닥엔 얼음과자 봉지가 함부로 바람에 뒹굴고

싱크대를 개비하는지 연방 건장한 남자 하나가

스테인리스 개수대를 들고 힘차게 대문 안을 들어서고

대문 앞에 전봇대가 박혀 있는 집에선

누구의 부축을 받으며 만삭이 된 임신부가 급히 차에 오르고

어느 집에선 노란색 주름진 조등을

대문 앞에 천천히 내걸고 있다

오이도에서

개펄을 안고 다가오는 물 자락을
살며시 끌어 덮는다
흉강 속에서 자글거리고 있는 아픔과 슬픔들
몽당붓으로 마구 먹물을 칠해 놓고 싶은 눈물딱지들이
너울지며 달려오는 저 물 자락을
물끄러미 보고 섰노라면

어디서평온한붉디붉은색소폰소리들려오고바다를가로질러기러기한떼낙조를길게끌며
남향으로엇비스듬히날아간다연방밀물은금물결일며불기둥세우고나의가슴팍에꽂힌다

이 순간 세찬 물보라들이 나를 덮어 와도
나의 위안은 아랫목같이 따뜻하다
마음 한 구석 아무렇게나 구겨 넣어도
아프지 않을 저녁놀
깃발을 꽂으며 서서히 잠행하는
나의 분홍빛 침묵

궁평 낙조

하늘을 가르며 기러기 한 떼 날자
쨍그랑, 하늘 금가는 소리가 난다飛
개펄을 머금으며 때마침 스멀스멀,
기어드는 물자락 소리
바스락거리며 귓전에 들려오고
방파제를 따라 늘어놓은 녹슨 닻들 사이로
누군가 낚싯줄을 드리우는 소리
텀벙, 난다飛
어선 몇 척 바다 가운데 뿌려놓은
궁평항 *
저녁 놀빛 불그레 물들자
엘피LP판을 틀어놓듯
적요함을 요요히 들려주는 궁평 낙조

* 궁평항 : 경기도 화성시 서신면에 있는 어항.

잔칫상

어느덧 봄이 오고 있었다
개울가 살얼음을 보낸 후
나의 가슴 속 어두막한 폐허 속에는
따슨 햇살이 쨍 비치고 있었다

간밤 벼린 칼날에 쫓기고 쫓기던
혹독한 꿈을 풀어 헤쳐 보았다
모진 아름드리바람도 너끈히 막을 수 있는
초인의 가슴팍으로

나는 그 바람을 끌어안고 있었다

이제 프리즘 속 빨강이 무엇인지
파랑이 무엇인지 알 것 같은
혈색 고운 봄이 와

온 들녘에 깃든 꽃들의 잔칫상이
번쩍 눈에 들었다

무의도에서

짠물에서 배설을 마치고
다시 뭍으로 돌아가는 생, 짐짝들 부려놓고
버스는 또다시 굼실굼실 기어오는
취사도구들을 부지런히 받아든다

그뿐,
바다는 바다
섬은 섬일 뿐
오는 사람 가는 사람
기름으로 떠도는 무의도

이승 와 잠시 놀다 가는 동안
한량없이 뛰노는 저 눈부신 파도의
속삭임 듣고나 가는지

나그네여,
이 섬 떠나면
무의도에 남긴 그대 발자취는 무엇이겠는가?

종착역

내가 가고 있는 곁길로
기름과 화약을 가뜩 실은 화물열차가
함께 덜컹대며 지나간다

위험한 순간이 올 수 있다
정유시설이 있고 위험물질 방호벽이 있는
삶의 골목골목 어디엔가
나를 괴롭히려는 독충들이
새벽으로 가는 철로 곁 우글거리고 있다

그래도 가야 한다
미래로 가는 화물열차는
가는 길 멈출 순 없다
속도계를 제어하며 정방향으로,
나의 새벽은 가까이 오고 있다
내 갈 길은 오직 한 길
꽃잎처럼 나의 체모가 떨어져 있을
주님 계신 낙원, 종착역

봄을 재촉함

자꾸 휴대폰 시각을 넘겨본다
째각 째각, 지나가는 호미곶의 바람소리
이마의 긴 머리카락을 쓸어 담는
바람을 와락 끌어안으며
함께 동영상에 담지 못한 시린 가슴
이지러지고 아프다
바람은, 냉정하게 차가 왔으나 언젠가
따뜻한 손으로 둘이 손을 맞잡고 드리던 아침기도
기억 속에 가슴에만 묻어둘 수 없어
오늘 아침도 그대 없는 빈자리
추억의 바닷바람소리 끌어내며
가슴으로 함께 손 맞잡고 조용히 거닐어 본다
다시 올 봄을 재촉하며
나의 기도는 망막을 담뿍 흐려 놓는다

미소 2

울진 앞바다는 체리 빛 희망이다
저 멀리 오고 있을
점박이 물알들, 나의 것도 너의 것도
그 누구의 것도 아니기에 모두의 것인
볼수록 감미로운 가락이 들려오고 있다 해무를 걷고,
희망은 먼발치서부터 오는 것
차츰 다가오는 바다의 깃털에도
따사로운 피가 흐르고
윤기가 흐르고 맥박이 뛰논다
낮 내 자분자분 쟁여온
단절을 모르는 하얀 당신의 귀엣말소리
어둠이 떼 까마귀같이 몰려와도
한낮의 노고도 잊은 채 하얗게 집어등 켜드는
여유로움이 있다
나도 모르게 텅 비운 마음에 수많은 별을 수놓듯
뿌려놓은 울진 바다의 청람빛 고요와 수맥이여
죽변항 * 의 싱싱한 갯내음 나는 희망은

잔잔한 파도처럼 오는 것
당신의 미소로부터 오는 것

* 죽변항 : 경상북도 울진군 죽변면 죽변리에 있는 국가어항

대팻밥

곱던 손이 대패질을 할 적마다 딱딱하게 굳어진다
굳어진 만큼 까슬까슬하던 목재의 면면이
차츰 제 정체를 드러내기 시작한다

자궁 속에서 세상 밖을 나온 후
목재소의 강철 톱날이 스치고 지나간 자리마다
삶의 애환이 점철되어 있는 지문
곱지만은 않다 서툰 솜씨로
울퉁불퉁해진 대패질 자국이
나의 손힘으로 다듬질 될 적마다 확연히 드러나는
삼줄 같은 나의 삶
그만큼의 대팻밥을 남긴다

그리 아름답진 않으나
차츰 정제되어 가는 대팻날 자국
돌돌 말린 얄따란 대팻밥은
나의 손힘과 흘린 땀방울만큼

목재의 유선형 지문을 그려준다
나도 모를 몸 어디쯤 박혀 있다가
사라져가는 퍼런 멍 자국 같은 옹이 자국

봄의 소리

귀 기울일수록 찬연한 봄의 박동소리
햇살같이 따뜻하다
그대의 환한 미소는
겨우내 얼음장 속 가두어 두었던 어둔 물길을 열고,
나무들은 멀리멀리 잎눈들을 다듬는다
또 금세 그 잎눈 벙그는 소리

그대의 안광은 담대히 살아있다

종적을 감추었던 굴뚝새도 뒤꼍에서 붐빈다
잊혔던 지신밟기도 돌아와
이대로 꽹과리소리 징소리 날라리소리 더욱 울려라
온 단지를 휘돌며 덩실덩실, 춤을 추는 봄의 왈츠

옷매무새, 그 입은 피부 색깔은 달라도
하나 되어 내일이 더 그리운 그대는
나의 동그란 염원
무색의 박동소리가 된다

아버지의 DNA

어쩌면 구름이나 바람이었을지도 모를
아버지의 존재감이
내 뇌리를 헤집고 지나간다

휘어진 두 엄지발가락을 꼭 빼닮은 나는
분명 아버지의 아들이다
작달막한 새끼손가락으로 기암절벽을 뚫던
아버지의 손을 나도 가졌다

공회전을 모르던 아버지의 심장만큼이나
바지게와 쇠스랑을 내려놓지 못하던 아버지의 손
오직 가족을 위해 사신
부지런함의 근성이
내 생의 강철 같은 골격이 되고
가슴 저린 궁핍함에도 울지 않는 대들보가 되어 준

아 아버지의 일생은
아직도 꿋꿋이 살아 내 혈관 속을 흐르고 있다

펜

해 돋자 오보록한 햇살이 아침 창을 두드린다
유리창 넘어온 불그레한 눈부신 햇살의 긴 파장
너무나 따습다
그리로 나의 눈길 끌고 간 자리 백매화 활짝 피었다
만개한 파르스름한 향내가 촉촉한 아침
백매화 트롬본을 불고 있다
도톰한 트롬본 소리에 아침 잠 설치고 깨어난
노란 산수유 꽃 등걸 보자
간밤 악몽에 시달림 받던
답답한 가슴이 금강석처럼 맑아진다
계속 나의 마음을 등사하고 있는 펜
함박함박 주먹만 한 목련도 그려놓고
끝없이 펼쳐진 바다와
빨간 등대 놓인 방파제도 그려놓고
드로잉하고 있는 이 순간
나의 가슴은 무진장 황홀하다
수 년 간 볼 수 없던 나의 아늑한 봄의 맥박소리

2부

꿈을 찾아서

올림픽공원 내 조각공원

어둠 속에서
흠칫 거울을 보며
여인의 물음에 부인하던 베드로처럼
항변하던 나는 내 마음을 훔쳐보았습니다
아무리 뜯어보아도 나는 죄인이 아닙니다
무엇 하나 삐뚤어진 것도 없이 곧고 올바릅니다

그때마다 가슴 속 깊이
솟구쳐 오르는 소리가 들립니다

나는 죄인이 아닙니다
나는 죄인이 아닙니다
나는 죄인이 아닙니다

날이 밝자
머리가 무거워 옵니다

가슴이 자꾸만 답답해 옵니다
귀가 우렁우렁우렁 소리치며 울기 시작합니다

웃음이 사라지고
언제부턴가 가슴이 달팽이처럼 오그라들며
언제나 그렇습니다

나는 죄인이 아닙니다
나는 아무 죄도 짓지 않았다구요!
나의 항변은 끝이 없습니다

미로찾기

삶을 생으로 토해 놓는다
긴장 속 먼 길을 헐떡거리며 달려온
그대와 그 남자
별리의 길 들어 서자
가없이 헤맨다

들어선 곳은 불못
수많은 죄인들이 죽지도 못하고 아우성치고 있는 불못
무서워 얼른 비껴간 곳엔
하나님의 말씀인 생명의 말씀이
가는 길 앞을 딱 가로막아 선다

무서워서 떨며 그대와 그 남자는 황급히 돌아선다
마음을 다잡고 돌아들어선 그곳은
또 다시 막다른 길목, 그 남자의 죄목이 퍼렇게 살아 있다

저어기 붉은 꽃 숨긴 명자나무와

하얀 꼬리조팝나무꽃이 우거진 곳 보인다

그곳은

발걸음 재촉해 가야할 진정한 삶의 출구

적막 속에서

눈부심이 개여울에 반사되어 자지러질 때
인적 뜸한 숲은 고요를 토해낸다
팔목을 끌어당기며
또아리를 틀고 앉은 적막은
헉헉거리며 살아온 날들의 나이테를 벗기며
숲 속 깊숙 떼어놓는 걸음걸음마다
찬찬히 아픈 기억들을 끌어내 내려놓는다
잊고 싶은 기억들 한 묶음 묶어
달무리 같은 적막의 벼랑으로 밀어뜨려도
소용없어라, 다시 튕겨 오르는 상흔들
아린
그 아픔 언제든 버리지 못하고
억새로 살아야 하는가
잡목 숲 퍼렇게 눈 뜬 눈 시린 햇살 속에
가녀린 몸부림 가없이 던져본다
석류알 같은 시큼한, 시큼한 통증을
솔씨처럼 묻어본다

패랭이꽃

모두 떠나버린
배반의 땅
홀로 외롭지만

무욕無慾의 세월 속
어쩌다 산꿩 홰치는 소리에
동그라니 눈뜨고
먼 하늘 향하며
지키는 뙤약볕

호접란

생로병사를
아우르다
막장에서
건져 올린 미소
뿌연 세상을 바라보며
짓는,

생의 꽃 대궁 끝께 초연히 앉아
지친 기색도 없이
은방울 목소리로
나팔을 불고 있는

흉내 내기

체중 조절에 실패한 아가씨가
백화점 문을 열고 들어서자
문이 비좁다
문이 약간의 경련을 일으킨다
자석에 끌리듯 뒤따라가던 나는
스스로 웃음을 흘리며
따라 엉덩이를 씰룩거려 본다

그 도시

날마다 그 도시에는 하늘이 낮아진다
언제부턴가 사람들은 부림을 당하고
나무들은 멍석만한 둥지마저 잃고 있다
천정부지로 높아만 가는 건물들
상하좌우, 어깨를 나란히 선과 선이 만나면
살벌한 힘을 길어낸다
하지만 사람은
건물이 갖지 못하는 부드러움과 살가운 정과
뜨거운 눈물을 짓는다 그 눈물 속엔
꽃들이 퉁겨내는 향긋한 내음이 있고 부드러움 속엔
미루나무 향수鄕愁 같은
눈부신 아름다움이 있다
나는 막힌 눈물샘을 뚫기 위해
마음 고여 아우라를 부르고 생의 행간을 찾아
고뇌하고 고뇌해 본다
내일이면 건물이 주인이 될 도시나마
복사꽃이 만발하고 박새 지저귀는

가슴 뿌듯한 설렘이
진짜 낙원 이루기를

하얀 꿈

베수비오화산 재에 묻혀 화석이 된
폼페이 사람 몇 보았다
지금도 저들은 무슨 말을 하고 있을까
잠을 자다가
만취가 되어 거리를 어슬렁거리다가
혹은 풋사랑을 하다가

손톱으로 바닥을 후벼 파며 살고자 발버둥을 쳤을

지금도 참담한 고통이 생이라면
그 또한 오늘의 크단 슬픔이다
인공심장을 달고
안구 이식술로 밝은 세상을 다시 본다 한들
줄기세포의 배양으로 치매를 고친다 한들
낡은 부속품 갈아 끼우듯 마모된 장기를
흠도 금도 없는 새것으로 갈아 끼운다 한들

참으로 우린 사람으로 살 순 없을까

폼페이 사람들도 한때 꾸던 꿈은
하얀 뭉게구름이고 정직한 바람이고 싶었을 게다
수억 광년 후에도
해는 뜨고 구름은 흐르고,
바람이 화석이 되어도 바람은 불고
나뭇잎들은 팔랑거리며 흔들릴 터이니

만추 2

알록달록한
이파리들의 성긴 그물코 아래
나는 한 마리 사슴

이따금씩 눈은 먼 데
백옥 화관은 벌써
뽀드득, 눈 위
발톱을 찍다

어렸을 적 뒤곁에 놀던
대숲 참새 떼들의 작은 북소리

입술 도톰한 노을 등에 멘 채
도시의 아이들
퀵 보드를 타고
위험스레 계단을 뛰어내리다

꽃향기

하얗게 햇살이 부서진다
백운산 자락을 핥으며 내려온 햇살이
꽃잎, 잎새마다 달콤한 햇무리를 짓는다
살짝 가슴 여민 꽃송이들
명지바람 쐬며 연방 보송보송 피어나고 있다
굽은 능선을 따라 멈춘 듯 휘돌아나가는
섬진강, 그 보오얀 모래밭 위
명주 천 몇 장 살짝 펼쳐 널어놓은
보드라운 섬진강 물 자락에
수놓은 매화꽃들
오랜만에 꽃물 든 내 눈이 벙글어져선
하나라도 다칠세라
가만히 눈으로만 꽃잎 만져보며
꽃 향만 똑 따다
물크러진 가슴에 묻는다
문신 새겨놓은 오랜만의 여유

막차도 놓치다

막, 손을 뿌리치며 막차도 떠나고
나는 허둥지둥 달려가는 꼬리를 보고 섰다
다음 차가 오지 않을 것을 알면서도
아쉬움 지우지 못하고
잠시 후면 지하철 역사의 셔터는 닫힐 것이고
역내 등은 꺼지기 시작할 것이다
그러면 나는 이곳에서 떠밀려 어디론가 가야한다
집으로부터 나는 멀리 떨어져 있다
반대 방향 극점에 와 있는 나의 가방 속엔 아직도
세 통의 이력서가 남아있고 호주머니엔 달랑 동전 50원
그것을 만지작거리며, 밤 이슥토록
분주한 사람들의 체취가 남아 있는 계단을
하염없이 오른다 얼마나 올라가야 길이 열릴까
무 자르듯 도막도막 역내 등이 소름끼치게 꺼져오고
역사 밖은 눈에 불을 단 택시들이 소리치며 홀려대고
나는 공중전화를 찾아
거기 마지막 희망을 넣는다, 여보세요, (딸깍)
그 한 마디가 전부였다

시인의 고백

한 낱의 시어를 찾기 위해
두 보름을 더 비웠다

한 행의 시를 쓰기 위해
마음을 열 번은 더 비웠다

한 생을 살아오며 참 생을 살기 위해
나는 단 몇 날을 마음 비웠던가

펑퍼짐한 너럭바위 위
마음의 바닥에 시래기 한 줄 널고 있다

잘

〈잘〉은 부사어로 안성맞춤이다
익숙하고 능란하게
편하고 탈 없이
좋고 훌륭하게
만족스러울 만큼 충분히
아주 적절하게
분명하고 확실하게
모자람이 없이 넉넉하게

가슴과 가슴이 맞닿으면
찌르르 전류가 흘러
서로가 서로의 마음을
서로가 서로의 필요를 타전하게 되고
일은 진척을 구가하게 된다

불신이 잉태한 간섭일지도 모를
아픔에 절은 육중한 간섭의 그 음성은
가라

세상 모두 네가 웃는
웃음 짓는 홍안이길,

민들레

강보에 싸인 아기꽃 한 송이
대문 밖에서 울고 있다

막다른 골목길 끝쯤
남의 집 대문 앞, 두고 온 그 아기꽃
어미 민들렌
차마 발길 돌릴 수 없다

넋 놓고 우두커니 선 채 바라보며
이 악물고
가던 길 되돌아보다 말고

어른이 된 긴 세월 그 아기꽃
바닷바람 타고 건너와 엄마꽃을 찾는다는
바람결 묻어온 꽃소식 듣고도
어민 차마 선뜻 나설 수 없어

꽃씨 다 날려 보낸 빈 꽃대로
우두커니 먼발치서 바라보다 말고
눈물 머금고 발길 되돌리고 만다

어미 닮은 피 흐르는지
남의 집 대문 앞 강보에 싼 채 버려두고 온
그 엄마꽃처럼
동구 앞 슬피 울고 있는
누군지 모를 노란 아기꽃 한 송이를
엄마꽃은 그 아기꽃을
넋 놓고
우두커니 선 채 바라보고 섰다

* 해외 입양되었던 어아가 성인이 되어 양부모와 함께 돌아와 생모를 찾는 TV 방송을 보고

등대

— 부산 태종대에서

그대와 나는 낡은 쪽배를 타고
생의 먼 바다로
하염없이 나침반도 없는 항해를 한다
수심을 알 수 없는 깊이에
닻처럼 내려가 차라리 위로를 건져 올리던
쓸쓸한 나에게 그대는
어둠이 슬어 올 때
이윽고 등대가 되어 주었다
나의 반려자여
풀 한 포기 세울 수 없는 황무지에서도,
원추리꽃 제 홀로 피고 지는 외딴 주전자섬에서도,
발 닿기를 완강히 거부하는 오륙도에서도,
그대는 어둠 속 길 내어 준다
진득한 사랑이 아니고는
누군들 자지러진 나에게 한 줌 희망을 쥐어줄까
날 듯 날 듯, 나는 쪽배를 타고
오늘도 그대의 품안으로 스며든다

넥타이

내장도 신경도 없는 너는
무척 깔끔하구나
흔하면서도 흔하지 않은 개성을 본다
비록 가진 것은 없어도
나와 함께 있는 동안은
가난한 내색 없이
성냄과 분냄도 없이 절제의 꽃을 피운다
잔금 간 내 얼굴 주름살을 펴 주며
눈가에 걸어놓은 얄팍한 눈짓 하나도
꽃이 된다
혼돈과 어수선함으로 오염된
가슴문을 열고
조용히 나를 들여다볼 때 너는
나의 향기로운 순교자가 된다

말

엊그저껜 뜨거운 원성을 듣더니 오늘은 내 가슴을 마구 후벼 파놓는다 손도 다리도 없으나 줄타기를 하고 어디든 사람 사는 곳 가슴 파고든다 백옥같이 맑고 흰 고운 친구도 있긴 하나 십중팔구는 절망과 자해를 휘두르기도 하고 살인을 교사하기도 하고 네 것도 내 것인 양 속임수를 쓰기도 하고 깨지고 동강난 세상사에 긁히고 긁힌 나는 섶다리* 건너듯 잔잔한 무욕의 세월 꿈꾸던 나는 그래도 미루나무 같은 고적과 평온을 사랑하고 낮은 곳으로 낮은 곳으로 물 흐르듯 스며들어 너와 나 우리 모두의 아픔을 사랑으로 촉촉이 적셔주는 말의 해법 부리며 나는 나를 붙들고 놓아주지 않는 말의 다리를 밭다리 걸기로 거꾸러뜨려 보려 입술을 모으고 뇌신경을 팽팽히 당겨본다

온몸을 도는 선혈의 미소 모과꽃 같다

* 섶다리 : 잎나무와 풋나무 등을 엮어 만든 다리.

그리움

무엇 하나 온전한 것 없는 세상이라고
그리움이 없을까마는
마음으로 마음 접목할 수 없는
차가운 세상이지만
그래도 굽은 눈으로 세상을 보지 말자
이 세상 어디에도
허물없는 생은 없으리니
허지만 나는, 그대 위해 작은 그리움 만들어
먼 훗날 그대가 생각날 때
그대의 잊지 못할 아름다운 그리움이고 싶다
나의 작은 사소함의 몸짓까지도
그리움으로 그대 가슴 흥건히 적셔줄,
나 그대 위해 그리움이 될 그 무엇을
항시 생각하리

돌

수석을 줍겠다고 자갈밭에서 돌바닥을 뒤진 적 있다
아무데서나 수석이 나는 줄 알았다
냇가에서 동글납작한 돌을 보면 물수제비를 떴다
물 위를 담방담방 쉽게 뛰어갈 줄 알았는데
번번이 물속으로 머리를 처박고 만다

세상은 내 순수와 내 판단과는 너무나도 달랐다
세월은 모질고 으르렁거리며 흘러가고
내 몸 속엔 돌멩이들이 가득 쌓여갔다
모난 돌, 가시 돋친 돌, 고무총 돌

어쩌다가 던진 돌로도 낯모르는 아이가 맞기 십상이다
예쁜 커튼 드리워진 유리창이 깨지기도 한다
백 년 묵은 간장 항아리가 악살박살나기도 한다

무심코 내가 던진 돌들이 나도 모르는 사이
세상 어느 곳엔가 사구砂丘처럼 소복이 쌓인다

3부

아픔을 딛고

강가에서

그리움에 몸 뒤척이다가
그 강가에 나 오늘 나가 보았네
물 파문들 봄날 새잎 돋은 버들마냥
조용히 흔들리고 있었네
여문 겨울이 채 가기도 전
푸드득,
물을 차고 날아오르던 청둥오리 떼들
다 어디로 갔을까
긴 강둑을 따라 뿌려놓은
어딘가 남아 있을 내 체취 간 곳 없고
바싹 마른 코스모스 빈 꽃대들만 오도카니 떨며
몇 날 흐느적거리고 있었네
빼곡한 건물 사이로
내 목덜미를 옥죄어 오는 싸늘한 외로움만 녹슬고
한가윗날 덩덩 북을 치며
소싸움 열을 올리던 그 강가에 서서
나는 슬픔마저 잃어버렸네

쟁기로 갈아엎던 논밭은 간 데 없고
그 자리 높은 굴뚝만 솟아있네
자갈을 줍던 거룻배도 보이지 않고
목을 틔우려
산을 면벽하고 소리쳐 불러보던 산울림마저
황톳빛 소음에 묻혀 돌아오지 않고
실팍한 차바퀴 소리만
새로 놓은 다리 아래로
풍덩 풍덩 연발로 내리꽂히고 있었네
이른 아침부터 물 파문들 조용히 흔들리고

열대야

이토록 긴 밤은 없었습니다
낮밤을 분별할 수 없는 뜨거움이
장티푸스 앓듯 앓고 있습니다
나를 더욱 열불나게 만드는 건
드르륵 드르륵 가슴을 긁는 저 불협화음의
낡은 선풍기 소리
그 틈바구니에서나마
나는 잠을 청해 보려 눈꺼풀을 덮습니다
한 해를 헛살았습니다
또 한 해를 헛살았습니다
그리고 또 한 해를 더 허무하게 헛살았습니다
손톱에는 진물이 납니다
산야를 온통 뒤엎어 놓은 듯 잡풀만 무성한
불가해의 저 선풍기 소리에
잠을 이룰 수 없습니다
하지만 내일을 위해
깊은 잠을 자 둬야 합니다

붉은 곰처럼 말입니다
마룻바닥에 머리를 대고 눕습니다
마룻바닥은 그리도 평안하고
시원할 수가 없습니다
조용히 눈을 감습니다
스르르 잠이 옵니다

꽃길

가다가 발 닿은 곳은 모두 꽃길이네요
꽃들이 방긋 방긋 웃고 있네요
답답한 가슴단추를 풀고
라일락 덤불 우북이 올려놓은 꽃길 걷다 보면
천지 사방에 백목련 자목련이 한창이고요
노오란 개나리 깔깔거리며 흐드러지게 울을 치네요
이렇듯 사는 게 별 거던가요
널브러진 사금파리와 뾰족 뾰족 돋은
녹난 쇳조각들을 걷어내고
가슴 속 환한 길을 내어 걷다 보면
몸은 어느새 나비가 되네요
누가 청명한 목소리로 부르는 소리에 뒤돌아보면요
널따란 들판 파아란 하늘에 목화구름 몇 점 떠 놀고,
호른 소린가 가야금 소린가
바람결에 꽃잎 흔들리고 있는데요
망막 가득 꽃들이 가르르 화알짝 웃고 있네요
그 꽃들 속에 묻혀 서녘 하늘은 붉은 노을 짓고 있네요

L氏의 하루

오늘도 뭔가를 해야 한다
대걸레를 들고 방안 구석구석을 닦고, 닦고 난 후 곧바로 빗자루로 방바닥을 쓰는 일,
아침 먹은 식탁이라도 아니면 앞치마를 두르고 설거지라도 해야 한다
화장실 변기라도 닦거나 아니면 거울 면이라도 닦아야 한다
아니면 두 개의 안경, 독서용 안경과 난시용 안경알을
호호 불어, 아니면 심령이 가난한 자는 복이 있나니 *,
기도로 무장하며 심령을 닦는 일,
쓰레기통을 들추어 보고
그 곁 음식물 수거통도 가득 찼는지 열어 점검을 해보고
고무장갑을 끼거나 혹은 맨손으로
재활용품 분리수거를 하러
그 추운 영하의 날씨에도

한여름 뜨거운 뙤약볕에도
지체 없이 나가야 한다
하루 세 번 꼬박꼬박 백내장 안약을 넣고
눈이 침침해 오면 또 안경알을 닦고
귀염둥이 해피가 멍멍 짖어대거나 칭얼대면 안아서 얼러주고
오면가면 1도度쯤 비뚤어진 벽면의 액자도 바로 잡아 주고
파를 다듬고 마늘을 다지고
매끼 식사 준비를 하는 아내를 위해
점심때나 저녁식사 후가 되면 또 앞치마를 두르고 빈 그릇들을
달그락거리며 퐁퐁세제로 박박, 뽀드득뽀드득 소리가 나도록 닦거나
싱크대 바닥을 닦는 일,

좀 시간이 난다 싶으면 인터넷을 열어 보고
며칠 묵혀둔 시어들을 다시 생각해 보고, 성경을 읽고 기도하고

* 마태복음 5장 3절의 말씀을 인용한 것임.

통곡 2

차라리 슬픈 생각, 억장이 무너져라
차라리 에인 가슴, 선혈 철철 흘려라
차라리 하얀 침묵, 소리쳐 통곡하라
차라리 마른 눈물, 펑펑 쏟아내라
차라리 속내 울음, 천둥같이 내지르라
차라리 거꾸로 서는 피, 죽은 듯이 실신하라

그러나 나는 실신하지 않았다
결코 놓을 수 없는 혈육血肉의 무게중심
아비도 피붙이 살붙이도 그 무엇도 아닌
사금파리 조각을 듬뿍 입에 넣고
무너진 인륜의 경계를 덧없이 바라보며
허망을 오물오물 씹었다
씹고 씹으며 빨갛게 고인 침을
뼛속 깊이 삼켰다
뿌리를 흔들고 있는 아픔인 듯
창밖엔 뜨거운 비가
눈물인 듯 주루룩 주루룩 내렸다

아버지의 손전화기

손전화기로 초췌한 아버지의 전화번호를
꾹꾹 눌러 찍는다
먼 허공으로 날아가 미아가 된 발신음은
수개월이 지난 지금도
저 혼자 떠돌고 있다
귀에 익은 바람소리만 울릴 뿐,
잠 못 이룬 이른 새벽녘에도 전화벨 소리 듣고
금방 방문 열고 들어오실 것만 같아
또 전화를 건다
못 들으실까봐 진동까지 해둔 아버지의 검은 손전화기
치매 아버지의 하얀 외로운 체취만 남은 빈 방
책상 위에서 드르륵거리며 저 혼자 울고 있다
정신을 놓고 집을 나간 아버지는
오늘도 응답이 없다
둘이 살다 혼자된 딸은
아버지의 손전화기 따라 운다
생사조차 모르는 아버지의 울음

응시

동그란 눈은 까만데 눈언저리는 물크러지고 며칠을 굶었는지 몸은 뼈가 앙상해 뼈마디가 가죽에 들러붙어 있다 음식물쓰레기 수거용기 곁에서 얼쩡거리며 헌 신발주머니같이 버려져 있는 마루를 아무도 못 본 체 한다

며칠 전 이사를 가던 날 오 리 밖 개울가에 버려진 후 용케 살던 곳을 찾아온 애완견인 마루는 사람들을 볼 적마다 꼬리를 흔들며 아는 척해 보이지만 초등학교 3학년짜리 피아노교습소 아들내미도 늘 담배를 입에 달고 사는 슈퍼 주인아저씨도 못 본 체 같은 동에 사는 아파트 이웃집 아주머니도 그냥 음식물 봉지만 쏟고 가버린다

누군가 제 이름을 부르는 듯싶어 사방을 두리번거려 보나 청단풍 잎을 흔들며 스치고 지나가는 바람소리뿐,

마루는 제 살던 집 쪽 시선을 놓지 못한다 자꾸만 그 쪽을 올려다본다 금방이라도 제 이름을 부르며 찾으러 올 것만 같아 조금도 주인을 원망하는 기색 하나 없는 눈으로 아파트 입구 화단에 쪼그리고 앉아 마냥 춥고 긴 어둔 밤에도 깊은 잠을 깁지 못하는 끝없는 응시를 하고 있다

오열

오십 줄에

아내가 늦깎이 시험공부를 하다

고개를 떨어뜨리고 동그란 상 바닥에 엎디어 있다

손끝으로 손등을 살짝 건드려 보아도

모른다 얼마나 힘들면 얼마나 고단하면

아내는, 드센 파도의 물자락을 타고

곡예 하듯

외줄타기를 하고 있을까

내 눈 내 가슴에 나는 못난이의 송곳으로 구멍을 판다

나는 생의 에테르에 마취가 되었을까

새하얀 석고상마냥 우두커니 몸 세운 채

아프지도 미안해하지도 않는다

눈꼬리께 서늘한 눈물이

고이기 시작한다

한동안 몸을 감추고 잠적해 오던

이명이 송어 떼처럼 돌아온다

먹먹한 가슴에 망치질 하고 있는 귀울음

생존의 힘

병원에 갔더니 대장암 양성 반응이 나왔다고 한다

그렇잖아도 고희를 갓 넘긴 나이의 집사님은 폐렴에 당뇨에 툭하면 감기를 달고 살면서도 삐쩍 마른 체구에 어디서 그런 힘이 나오는지, 한동안 폐렴으로 병원 신세도 듬뿍 지고 병원서 그간 흘린 눈물만도 한 동이는 더 된다면서도 죽음만은 안 무섭단다.

이만큼 산 것도 기적이라 한다 사람 목숨만큼 모진 것도 없다며 대장암 양성 반응이란 말을 듣고도 꼭 남의 이야기를 듣듯 무덤덤하게, 담담한 표정을 짓더란다 자식들의 성화에 못 이겨 병원엘 다녀오긴 했지만 그날도 소녀처럼 길가에 피어있는 코스모스를 한 움큼 꺾고 코스모스처럼 환하게 웃음을 지으며 쪼글쪼글한 얼굴에다 걸어 놓더란다

연 전, 폐암수술에다 간암수술까지 동시에 받은 남편을 잃고서도 집사님은 초연히 대장암수술을 받을 생각을 하지 않고 마음을 비우고 사는 날까지 살다 하늘나라로 가면 된다며 허허, 웃더란다 대장암 양성 반응이라는 의사의 말을 듣고도 마음이 초연해지며 그렇게 죽음을 두려워하지 않는 마음이 어디서 생겨나는지 자기도 모르겠단다

별리를 위하여

사흘째 비가 오네
그 남자 처음 떠나던 날도 비가 오더니
도망쳐 되돌아온 둘째 날도
다시 꿰어 끌려간 그 다음날도
그 남자 가슴 속 비내림이 연작하고 있네
울음이 복받쳐 비가 되네
가슴을 열고 쟁기질하는
삶의 죄상 발견하고부터 그 남자
눈물로 비내림을 짓고,
그대 살리려 그 남자 불구덩이로 다시 끌려 들어가네
끌려가며 몸부림치네
어두침침한 하늘도 별리를 아는 듯
통한의 비 뿌려주네
눈물 속에도 가시가 있어
더욱 큰 비의 아픔
별리, 별리를 위하여
그 순백의 금강석 기도를 위하여

이대로는 아니다 아니다 집으로 들어서며
그 남자의 그대는 피 낭자한 에인 가슴으로
계속 도리질하네
다시 붙들려 가는 그 남자를
그대는 차마 뒤돌아보지 못하고

세한도歲寒圖

남들 가진 판막을 그 나무는 갖지 못했다
벼랑에 엇비스듬히 서서
하늘로 손 뻗어 구름 한 자락 끌어내려 본다
구름 속엔 옛 조상들 남기고 간 고독의 발자국,
헛헛한 나머지 그 고독 송두리째 들이켰을까
그래도 그 나무는 심장에 판막이 없어
통제할 수 없는 동맥혈과 정맥혈의 검은 생의 아우성을
내지르지도 걸러내지도 못하고 그냥저냥
목숨 거머쥐고 살아왔듯 남긴 얼룩 위에
복제한 얼룩을 또 쌓고 있다
울음 끝이 긴 아이같이 흐느끼듯
어디서 들려오는 풀벌레 울음소리
어머니의 머리카락과 아버지의 눈망울을 꼭 빼닮은
닮은꼴 산새 울음소리
이력난 영어의 꿈틀거림이 싫어 어디다 한 번 대놓고
산이라도 무너뜨릴 듯 고함지를 수 없는 것이

그 나무는 더욱 서러웠다
충혈 된 저녁놀

절규

차창 밖, 호들갑떨며 모란꽃처럼 흐드러지게
웃고 있는 남자
왜 웃고 있는지 영문도 모르면서 차창 안 그 남자도
덩달아
호들갑떨며 웃고 싶어 안달이 난다네
웃고 싶어도 웃음이 입술을 꽉 깨물고 놓아주지를 않네
몇 태운 버스는 어디로 가는 것일까
엔진웃음소리 자지러지네
어제까지 만해도 웃음이 도랑물처럼 흐르던 그녀의
둥지 앞을
오늘은 그 남자, 먼 산 바라보듯 바라보며
스치고 가야하네
점점 멀어져 가는 그녀의 둥지 뒤돌아보며
자꾸 뒤돌아보며 그 남자 덩실덩실 춤을 추네
미친 듯 눈물이 밴 어깨를 들썩이며 어깨춤을 추어보네
아무나 붙들고 그 남자 곱사등이춤을 추어보네
개다리춤을 추어보네

탈탈거리며 막춤을 추어보네
야탑역 주변엔 온통 오동통 자줏빛 오동나무 꽃이 피고
꽃무리들 속 허청거리며 걷는 그 남자의 발등에다
애기똥풀꽃이 연방
설사를 하네

기러기 울음

날이 저뭅니다
오이도 앞바다 자줏빛 물든 수평선 허물며
까만 한 점으로 가뭇없이 사라져가는 외기러기 봅니다
어쩌다
돌개바람에 등 떠밀려
길을 잃은 나그네

그 기러긴 눈이 퉁퉁 붓고
부리가 헐었습니다

카트를 끌고
비척거리며 지나가던 그대 없는 우리의 뜨락엔
내 마음을 아는지
라일락도 듬성듬성 눈물인 양 맺혔더이다
뼛속까지 파고드는 짜릿한 그대의 체취
향긋한 그 꽃내음 가슴에 깁고

상처 입은 마음의 문 열어주지 않는
그대의 우듬지 위로 나는 몇 번이나 휘돌다가
날아갑니다 목을 길게 뽑고 울부짖으며
그대 있을 그곳 샅샅이 뒤지며
날아갑니다

육교 위에서

그날도 좀 차가운 바람이 불던 어느 겨울 저물녘이었습니다

육교 위, 돌무더기처럼 웅크리고 앉아 있던 한 남자
암 말도 없이 어둠을 짓던 그 남자,
뚫어진 양말 사이로 삐죽 나온
그 남자의 까만 엄지발가락엔
살을 에는, 발원지를 알 수 없는 삭풍이 불고 있었습니다
그때도 그랬지만 오늘도
돌 맞은 거북이처럼 거적때기에 머리를 파묻은
그 남자의 등 위로
또각또각, 뾰족구두를 신은 아가씨와
팔짱 낀 남자가 지나갑니다
가죽가방을 든 풍채 좋은 중년 남자도
웅크리고 앉은 그 남자의 등 위로
못 본 체 지나쳐갑니다
노란 고무풍선을 든 꼬마와 젊은 엄마도

어기적거리며 그 남자의 등 위로 지나갑니다
무르팍 앞에 놓인 빈 박카스 상자엔
100원 짜리 동전 한 닢 달랑 놓여 있습니다
모두들 그 남자의 가슴에
어둠만 더 켜켜이 쏟아놓고 가는
육교 위 사람들

방황의 덫

시야의 중심추를 내려놓고
발걸음 닿는 대로 걸어가 보았다

흙먼지만 풀풀 날고 있었다
자칫 살을 벨 칼날 같은 풀잎들이 깃을 세우고
반겨야할 인사도 잊었는지
살갗을 파고드는 돌개바람과
이마에 맺힌 허한과 함께
멀뚱멀뚱 발목을 끌어당겼다

얼마나 걸었을까 그림 속
준마를 타고 내닫던 초원은 간 데 없고
어디에도 내 그리움의
연초록빛 목동의 풀피리소리는 들리지 않았다
사나운 햇살이 목을 끌어안고
낯 뜨거운 포옹을 했다

그 흔한
십자가 첨탑은 다 어디로 갔을까
발 닿는 대로 걸어보는 발걸음은
눈 따갑도록 광란하는 먼지만 날렸다
어디에도 내 싱그러운 산과 들녘은 보이지 않고
발걸음은 잰걸음으로
굴뚝새같이 어둠 속을 파고들었다

쏘아 맞혀야 할
무지갯빛 과녁은 보이지 않았다

누구에게나 잠입해 들 수 있는
방황의 덫, 세균 같은 그것은

경계에 서서

제 손에 바늘을 들고도
그의 두 손은 아직도 바늘을 찾고 있다
새로 사온 바짓단이 너무 길어
손질하던 손
무엇에 홀렸는지 금세 그 손은
몇 푼 안 남은 예금통장을 꺼내 뒤져본다

본시 착하디착한 그의 통장에는
솔잎 같은 바늘들이 제법 꽂혀 있다
무언가 꿰어보려는 갈증이 역력한 바늘

누가 세상의 저편 아름다운 동산을
눈 가로막고 있는가
한 발짝을 내딛으면 갈 수 있는 그곳
배고픔도 아픔도 없는 무한대의 시간들이
자박자박 흐르고 있는 그곳을 향하여
달려가려하지 않고 그의 두 손은 바늘 찾기에 목마르다

거대한 머리는 무게 중심을 잃고
무관한 듯 제 손 좀체 의식하지 않는다

해독이 불가능한 정체성의
모호한 경계에 서서 그는
제 손에 바늘을 들고 아직도
한사코 그 뭉툭한 바늘을 찾고 있다

천변 풍경

해가 돋자 수크령 * 이 고개를 든다
도톰하게 살이 오른 꽃술들은
바람이 불어도 우쭐대지 않는다
물이 오른 억새들이 퍼렇게
조용조용 발돋움질 하고 있다
볼이 빨간 연분홍빛 토끼풀꽃들은
눈 감은 채 기도에 열중이다
해금을 켜며 하얗게 봉긋봉긋 피어난
늦깎이 달맞이꽃들도
새아침을 맞느라
해 돋자 조용히 꽃잎을 닫고 침잠에 든다
천변 따라 길을 나선 길섶 잡초들마저
따슨 아침 햇살을 가슴에 안고
다소곳하다
잡초들 틈서리에 핀 강아지풀꽃들도
이참에 길섶 따라 조용조용 소풍 나선다

이 모든 것

주님이 빚는 조소彫塑 *

* 수크령 : 강아지풀의 일종, 볏과에 속한 여러해살이풀

* 조소彫塑 : 흙이나 나무, 돌, 금속으로 어떤 형상을 만들거나 새김

하얀 방황

사방을 둘러보아도 숨 가쁘게 재촉하며 가고 있는
수직 선분들 정말 저들도 살아 있는 것일까?
극심한 의문 던지며
굴곡진 지형 따라 벌써 한 시간 넘는

저들 틈에 끼어
화석이 되어버린 고즈넉한 그 남자의 산과 바다들
양각 음각하며 상한 마음 추스르다가 그 남자

머문 소나무 아래 벤치가 있는 자리

오후 다섯 시가 되자 올림픽공원 호수의 분수가 터진다
치솟는 그 남자의 회색빛 물줄기
바람에 부대끼는 물보라 속 그대 절통함 누벼놓고

오늘 아침, 그 남자는 기도 중
실컷 울다 오후가 되어서야 밖을 나왔다

4부

다시 동녘하늘을 보다

닻

내 몸 가장자리에 걸터앉은 닻은
크낙한 바다그물을 던져
깊이를 측량할 수 없는 바다를 연신 끌어올린다
구름 한 점 없는 하늘이 또 내 닻에
끌려 내려 와 몇 점 섬들을 정박하고 있다
새벽부터 침 마르게 달려온
이방인들을 쌍수 맞으며 한나절을 풀어놓더니
천고만대의 장엄한 호흡, 그 지칠 줄 모르는
출렁임으로 나의 바다는
닻 속에서 요요히 나부끼고 있다
유람선에 매달려 펄럭이는 저 하이얀 포말의 비단자락은
적요 위에 갈매기들을 무리 섞어 풀어 놓고,
뱃머리에 매달린 이방인들은
저마다 품고 온 시름을 한 순간 닻 속에 내어 던진다
그 순간 누군가 애타게 손짓하며 목 놓아 나를 불러도
나의 닻은 정박을 모른다
질주하는 차량들과 적과 동침하듯 조바심하며 사는

큰 시멘트 덩어리의 아파트와
행랑처럼 딸린 병원과 숲을 이룬 공장들을
바다 위에 내려놓고
나는 고집스레
우직한 내 바다를 가볍게 끌어올린다

동백마을에 가서

영광 법성포에서 나를 보네

새치름해서
어디쯤 내 편히 쉴 피안 있을 듯
내 발 내 마음 내려놓을 곳 찾아
길을 떠나네

꼬불꼬불 해안 따라 한참을 달려가도
귀 얇은 날들 끌어안고 고즈넉한 외로움이
포란하듯 고적함을 품고 있네

나는 말을 잃네
바다가 내려다뵈는 야트막한 산비알에
헛간 같은 집 몇 채 그려놓다 만 동백마을
빈 집에 바람 혼자 놀다 가는
그곳이 피안인 듯
끌려가 발 머무네

텅 비어서, 욕심도 미련도 없는
오히려 안온한 그곳이 피안이라고
동백마을에 가서 나는 깨달았네

시래기처럼 그 피안 엮어
흙벽에다 치렁치렁 매달아 걸어놓고
삶같이 실눈 감고 햇살 쬐며
산비알에 기대앉아 조네
졸고 있네

연안부두

화롯불에 손 녹이고 온 초봄 햇살이
부두 구석구석 는개처럼 내리고 있다
한낮을 지나온 시간들이 간이역을 스치고 간
객차 안 만큼 고요하고 한가롭다
오수를 즐기려는 듯 시동을 끈 채
몸을 맞댄 낡은 어선들은 흔들림도 없이
잘 세탁된 와이셔츠마냥 햇살에 눈부시다
난간에 몸을 붙이고
찐득찐득한 먹물 고인 뇌 속을 비질 해 쓸어내며
나는 몇 장의 사진을 박는다
방금 막 뭍으로 올라온 젖은 몸의 돌고래들도
내 허리를 꼭 껴안으며 함께 웃어 준다
주렁주렁 생의 열쇠꾸러미를 단
연안부두……
소요를 모르는 저 해의 자력에 끌려
나는 드디어 침잠을 배운다
새우깡을 들고 갈매기들을 부르는 여인들이

따뜻한 여유를 불러 모아 준다
필름 가득 남실거리는 햇살
멀리서 가물가물 미소를 선적한 선박 몇 척
내 가슴 안 연안부두로 입항하고 있다

당신은 따뜻하고 나는 차고

불러도불러도 가 닿을 수 없는 곳에
엎질러진 뒤에야
있어도 없는 끈끈한 연줄 놓아버린
그 무엇이 있습니다

한평생 무언의 몸짓으로
삽질하고 있는 당신은
나의 그 무엇입니다

내 기억의 정수리엔
당신의 파릇파릇한 새 움이 돋고
돌덩이 같던 당신의 침묵 속에서
나는 한 두레박 물을 난생 처음
길어 올립니다 끈끈한 인연의 소중함
한 모금 마셔 봅니다
그래도 목마릅니다

빨간 불씨 묻어 놓은 놋화로에
놓인 부젓가락같이
손가락 타고 내 가슴 와 닿는 당신의 온기
있어도 없는 끈끈한 연줄
놓아버린 뒤에야
처음으로 당신은 따뜻하고 나는 차고

아침 햇살과 닫혀 있는 문

발코니를 지나 불투명한 방 유리문에
새처럼 푸드덕 날아든 햇살
날개를 펴드는 아침의 기지개 본다

한순간마저도 빗발쳐 오는 저 현란한
생명의 소리
그것은 스킨로션도 코티분도 바르지 않은 채
맨얼굴로 자유를 만끽하며 유리문에
향내를 내뿜고 붙박여 있다
그러나 내 마음의 문은 아직도 닫혀 있다

눈 뜨자 오뚝이같이 일어선
또 오늘 하루치의 걱정
소독하지 못한 마음의 윗접시저울에
몰골을 하고 고스란히 올려져 있다
두 손등으로 눈을 부비며 방 유리문에 어린
햇살을 주시해 본다

따슨 햇살의 온기가

화들짝 환히 눈부시도록 날아들며

볼에 닿았다

이윽고 나는 창문을 열고

햇살에 목마른 입술을 갖다 대본다

향일암* 가며

바위들이 하얀 침묵을 토해내고 있다
그것은 이곳 사람들의 눈물의 결실인 듯
어쨌든 변해야 산다는 일념으로
부서지는 물보라
바위들의 하얀 침묵 속에서
생을 담금질하고 있다
자는 듯 누워 있는 여수 앞바다 남정네들의 호흡이
고슬고슬한 곳을 찾아 치렁치렁 매어단 석화
저들의 살과 뼈이려니
이두박근에다 땀방울과 함께 패각을 거둬 올린다
변해야 산다는 일념을
아낙들도 속옷같이 껴입고
길 한 자락 거머쥐고 앉아
달콤한 생의 살점을 신명나게 나꿔챈다
아직 피워내지 못한 동백꽃 몽우리
연방 한낮의 햇살 속에서 따슨 봄기운을 발라내고

향일암 오르는 길목 거무스름한 바위들도

배꼽을 달싹거리며 심호흡하고 있다

＊향일암 : 전남 여수시 금오산에 있는 암자. 해돋이 광경이 장관을 이룸.

용추폭포

다리 후들거리며
헉헉 오른 그곳은
야트막한 삶의 둔덕이더군

그곳을 향해
사람들은 얼마나 숨차게 오르는가

낯모르는 이녁들이 서로 스치다가
한 몸 되어
정신없이
하얀 물자락을 치올리며 내리꽂다가

그렇게 삶은
저 깊디깊은 용소의 평정이 되는가

그을음 같은 한숨과 비애의 끝은
옥돌같이 곱고 따뜻해지는가

멍한 눈으로 휘둘러보다가
삶이란
사진 몇 장 박고 가는 의식이더군

* 용추폭포 : 강원도 동해시 두타산 무릉계곡에 있는 폭포

날개 2

날개가 나를 달고 높은 벼랑으로 이르다가
어쩌다 날갯죽지 깃털 몇 낱을 빠뜨렸다

맴을 돌다 두 발을 내린 곳은 사방이 막혀버린 옹벽
알코올 냄새와 신음과 싸우는 그곳은
내가 발 딛을 곳은 아니었다

어둠이 들면 나 아닌 나와 싸우는 곳
누군가 지르는 괴성들이
나를 껴안았을 때 나는 격하게
나를 유혹하는 괴성들을 뿌리쳤다

머리칼 한 올 달지 못한 저들의 야박한 민둥머리에서
나는 빠뜨린 나의 날갯죽지깃털들을
다시 찾아 들고 심으려 병원으로 갔다

날개를 다시 심었다

흠모

내가 나일 수밖에 없는 아픔을 넘어
그대의 아름다운 생각과
그대의 눈물을 흠모하며 그대 곁으로 다가갈 때
부유함보다는
따뜻한 마음 사랑이 넘치는 그대의 가슴이
나에겐 더없이 아름답습니다
저 강 건너 펄럭이는 참 희락의 깃발을 바라보며
우러러 기도로 가슴을 움켜쥘 때 그대는
따뜻한 나의 참햇살이었습니다
부러움의 목소리로
목청껏 고함쳐보아도
아프지 않을 그대를 부르는
나의 목소리

자작나무의 꿈

무연히 마음이 슬퍼지는 날
마음 외진 곳
저 혼자 묵묵히 서 있는
텅 빈 들녘 한 그루 자작나무 본다

스산한 바람이 세모꼴 모양의 잎
스치고 지나간다
사람의 형상 모두 지워버린 달무리 같은 잎새들

아무 오염도 모르는 순박한 하늘과
먼발치 거기 뜬 새하얀 구름 바라보며
태초의 바람과 태초의 정적과
태초의 시간들을
닦고 또 닦고 본다

무뇌아처럼 멍한 눈으로
고적함도 모르는 듯 자작나무는
그러나 그 눈은 영롱하다

잎새들은 연신 바람피리를 불고 있다
마음 풀어 웃음 놓을 수 있는 곳 찾아
자작나무는
제 가슴을 하늘에다 가만히 올려놓는다

달

세상에 하나뿐인 어머니
동화책 속 그림처럼
마을 앞으로 까만 기차가 달려가면
딸랑거리며 건널목 차단기가 자동으로 떨어질 때
건널목 풀 섶에서 폴짝 뛰어나온
개구리, 개구리들
나는 대막대기 끝에다 굵은 무명실을 매달고
미끼로 풀을 묶어 매달곤
펄쩍 뛰어오르며 입질하던 개구리를 낚아채 패댕이 치곤 했었다
가슴 깊은 곳에서 그때마다 딸꾹질 같은
창백해진 어머니의 심장 고동소리를 나는 왜 듣지 못했을까
빨간 앵두 빛 루즈를 단 한 번도
발라본 적 없는 어머니는 항상 맨얼굴이지만
음력 보름이 되면 지금도
초가지붕 위 둥근 박을 올려놓는다

언제나 내 마음을 고즈넉이 읽어 주는
그 박 속엔 아직도
동화책 속 그림처럼 까만 기차가 달려가고

제부도

지금도 그는 무거운 몸 뒤척이고 있다
빈 조가비를 끌어안고 오목 진 해안을 따라 연신
생의 부스러기들 들락거리지만
언젠가는 저 난바다 수평선 너머로 가물가물 떠나야 한다
아슬아슬 바다를 가로질러 꼬불탕한 차도 밟고 소풍 온 사람들
코끝 아래 저들의 검은 머리카락 내려다보이는
2층 횟집의 식탁에 앉아 안주로 놓이는 생의 파도소리 들으며
해조음에 잠시 피로의 허리띠를 푼다
우린 시키지도 않은 조개탕 국물을
공으로 마시다가
소리도 없이 지워지고 말
발자국 흔적 남기고 떠나야 할 섬
발목 시리도록 밟다 가는 이곳 나그네여,
나는 고독의 잔잔한 미소를 보았노라

삶의 숨소리를 들었노라
삶은 누구에게나 공평하고 따뜻해야 하는 것
해변 따라 노니는 겨울바다의 정경 두고
아쉬워도 어둠 내리기 전 돌아가야 할
차마 그 취한 발걸음 떼어놓지 못하노라
내 모습 담은 그는
한나절 못내 빈 가슴만 쓸어내리고 있다

궁평 낙조 2

희끄무레한 구름 속
보일락 말락, 퉁퉁 불은 젖가슴을 내놓고
탁 트인 서해 바다 솜털 같은 아기에게 젖을 물린다
세상 밖을 나온 채 삼칠일도 안 된 아기는
엄마 품속 포만에 그만 새근새근 잠이 들고……
젖을 빨다 가만히 내려놓은
아기의 숨소리를 가슴에 주워 담으며
나이 어린 어미는
살며시 아기의 이마를 쓰다듬어 준다
볼이 발그레한 핏덩이를 바라보며
한창 기도하는 궁평 일몰
기도를 깰라 바람도 졸고,
볼우물을 지은 몇 척 어선들 땀땀이 수놓은
자리께로 스멀스멀 스며드는 궁평항 *
온 몸 안으로 따뜻한 피가 돌며
우윳빛 가슴 속 빨간 장미
꽃 덤불 한 아름 세워 놓는다

나 그곳서

다시금 진지한 사랑을 배우고 돌아가네

* 궁평항 : 경기도 화성시 서신면에 있는 어항

선상에서

물에 살며 바다가 그리운 건
나만이 아닐 테다
선유도 가는 뱃길 선상에서
백구가 되어 훨훨 날아보는 것도
나만이 아닐 테다
파도에 섭슬리는 한낮 오후 3시 경
배 꽁무니를 따라붙는 두루마리 하얀 포말에서
쌉쌀한 세상 이야기 건져내어
주름진 가슴살 펴며 다림질해 본다
아름다운 생각
아름다운 말과
아름다운 행동으로
우린 꽃술을 누비며 살아볼 순 없을까?
뭍에 두고 온 세상사
하얗게 잊고 싶은 이
나만이 아닐 테다
감성돔 한 마리 건져 올려 본 적 없는

순수의 눈으로 먼 바다 수평선 너머 눈길 던지며
주님을 생각하며 푸른 깃발을 꽂는 이
나만이 아닐 테다

파도의 눈

노인은 춤으로 뭉쳐 있는 듯했다
헝클어진 실타래를 풀어내듯
어디서 나오는지 가늘고 긴, 굵고 짧은,
뼈 도막들의 율동이 슬금슬금, 엉금엉금 기어 나왔다
남실남실, 어깨를 들썩이며
저 바다 끝자락에서 너울을 끌어 온다
두 팔을 쳐들고 하얀 갈매기 날갯짓 하며
나이를 잊은 듯 어느새 큰 산을 끌어안는다
발끝에서 발뒤꿈치로 옮겨가는 팽이돌림
노인은 금방 로봇이 된다 팔이 물결치듯 꺾인다
부서졌다 다시금 일어서는 하얀 포말
시종일관 산지사방 금 간 얼굴은 싱글벙글
칠순을 더 살았을 불사신의 몸으로
살아온 저 초점 놓지 않는 눈은 선창 너머 먼 바다
수평선을 붙잡고 아 영면의 길 닦기라도 하는 듯
손바닥만 한 입석의 유람선 안엔
선체를 흔들며 파도가 일렁인다

한 소리 꺾는 파도음 날갯짓 속으로
혼자만의 춤을 풀어내며
연방 평온을 찾는 저 노인의 눈

갈증 2

정오 지난 따가운 햇살이
목이 마르다
말매미 울음소리 속으로 한낮 긴 시곗바늘이
졸려 휘청거리며 기어든다
산길을 걷던 발자국들이
흐느적거리며 옹달샘을 찾아 기웃댄다

5부

믿음으로

아마도 우린 모두

아마도 나는 간교한 뱀이었을 게다
여자를 꾀어 선악과를 따먹게 한

아마도 나는 도깨비바늘이었을 게다
누군가 길을 잃고 들녘을 헤맬 때
옷자락에 덕지덕지 달라붙어
자신만을 위해, 아주 편히,
오직 자신의 기회만을 포착하는

아마도 나는 돌개바람이었을 게다
밤과 낮, 때도 없이 칼날 같은 갈기를 세워
미친 듯 선량한 나뭇잎을 찢고
가난한 자의 지붕과 벽을 부수고
목숨까지 앗아가며 횡포를 부리는

아마도 나는 박테리아였을는지도 모른다
어딘가 조직과 기관에 들러붙어 야금야금
맛나게 세포를 포식하며 야금야금

이런 나를 위하여
주먹으로 가슴을 치며
통탄할 그날을 위하여
다시 태어날 나를
에둘러 보게 하심이었을까
아마도 나는
그 먼 옛날 성자였을 게다
아니, 아마도 우린 모두
틀림없는 성자였을 게다

나를 모르는 그대에게

누군가에게 편지를 쓴다
한 번도 통성명 해 본 적 없는 그대에게
어디에 사는 누군지도 모르는

내 편지는 허구의 바람
어느 누구에게도 개봉해 보일 수 없는
나의 관상동맥 같은
비밀을 가졌기 때문이다

나는 이미 죽었고, 살아있다 한들
내 횡격막은 이미 멈춘 지 오래이기 때문이다

사람들은 제 산 죽음을
인정하지 않으려
산인山人은 산에 오르고
어부는 그물을 깁고 바다로 뛰어든다

저마다 웃음꽃을 피워보지만
소금기 절은 땀방울을 짓고 사나
모두 허튼 짓
제 과오가 무엇인지도 모르면서
당당하다

밝을수록 숨길 수 없는
참혹할수록 속일 수 없는 죄목
부끄럼 가지고는 하늘을 우러러 보지 못할
모두 죄인인 것을 깨닫지 못하고

나는 나를 모르는 그대에게
나도 모를 한 줄의 편지를 쓴다
―나는 사람이 아니었네!

아멘 주 예수여 오시옵소서

너무나도 목마릅니다

입으로는
이구동성 주님을 바라보며 부르짖으나
마음속엔 주님은 없습니다
눈으로는 십자가를 바라보나 가슴은
냉랭합니다

이렇듯 겉으로는 애타게 주님 오시기만을
두 손 모아 마음 졸이나
영화와 물질에 빼앗긴 몸
아, 주님은 없습니다

오늘을 살고 있는 나와 또 다른 나와
동거하며 살아가고 있는 나는
회개하며 또 범죄하며
초대교회의 성도들만큼
다시금 나도 뜨거워질 순 없을까요

오 주여
주 예수여 어서 오시옵소서
회칠한 무덤 속을 방황하고 있는
나와 또 다른 나를 위해

최후의 심판 날 곧 다가오리니
나는 너무나도 목이 마릅니다
뜨거운 눈물이 됩니다

그릇

—주께서 이르시되 가라 이 사람은 내 이름을 이방인과 임금들과 이스라엘 자손들에게 전하기 위하여 택한 나의 그릇이라 (사도행전 9장 15절)

하얀 사기그릇
자칫 쉬이 깨지기 쉬운 나는
사기그릇입니다

나는 그 그릇에
시기도 역정도 넘치게
담을 수 있습니다
하지만 회개와 용서와 사랑만 담아 어디든
전할 수 있는 그릇이고 싶습니다
날마다 나의 그릇 속에
기도와 자복으로
회개하며 온몸 푹 잠기게 담아 봅니다

다메섹으로 가던 사울을 그려봅니다

홀연히 하늘로부터 빛이 그를 둘러 비출 때
땅에 엎드러져

사울은 예수님의 음성을 듣습니다
사울아 사울아
네가 어찌하여 나를 박해하느냐
그 음성 듣던 사울처럼
나도 그 음성을 듣습니다

마음에 금이 가고
의혹으로 믿음이 지진처럼 흔들릴 때
십자가를 바라보며
내 그릇 한가운데 그 십자가를 세웁니다
복음 들고 오뚝이같이 일어서던 바울처럼
나도 그릇 속에 간절히 십자가 세워 봅니다
어지러운 세상 자칫 쉬이 깨지기 쉬운
사기그릇이지만 통회의 목소리 바울처럼
나는 그릇 가득 담아 봅니다

징후

주님에게 나는 꽃이고 싶었으나
세상은 나를 돌이 되라 했습니다
가난이 한 몫을 한 것이지요
눈물짓는 법을 습득하고 싶지는 않았지만
고비 고비마다 어느 날부턴가 나는
주님 앞에서
벙어리같이 우는 법을 익혔습니다

주님을 만난 후 나는 작아지고
돌멩이 위에다 화초를 심기 시작했습니다
나를 죽이는 법도 조금씩조금씩
울을 쳐 나갔습니다

아픔이 클수록
더욱 울창해 보이는 사랑의 숲
주님은 이목구비가 아름답지도
가슴 능선이 황홀하지도 않지만,

내 생의 딱딱한 발목에
시중들 족쇄를 채워 주었습니다

목줄을 단 애완견보다 나는
생의 행간에서 불문곡직 구속을 즐깁니다
오히려 그 구속이 내겐 속옷같이 평안하고 너그럽습니다

남은 날을 더 이상 울먹이며
달려갈 필요 없는
징후가
오늘은 안개비처럼 촉촉이 내려

의자

추위에 오들오들 떨려오던 가슴이
등받이의자에 등을 붙이고 앉자
소름이 잦아든다

11월의 낮과 밤
그 기온의 차가 심한 탓도 있겠으나
그것은 문제가 되지 않는다고
잠시 동안 한낮의 포근함에 마음 풀어놓고
나이도 잊은 채 객기를 부린 나

내 몸 하나 간수하는데도
이렇듯 어려울 순

사는 것이 뜻대로 쉽지만은 않아
내 기대와 내 생각으로는
내 편히 앉을 의자 하나 고일 수 없네
일평생 부족하기 만한 내 양식良識

집을 나서기 전
옷을 더 껴입으라던
아내의 말을 듣지 않았더라면
필시 나는 와들와들 떨었을 것이다
이렇듯 모든 것을 다 아시고
나를 위해 준비케 하시는 주님
뭣 하나 부족함도 과잉함도 없는
생의 일깨움

주님은 나의 의자입니다

바다 소리

정말 듣고 싶었다
정말 보고 싶었다

망망대해
헐떡이며 달려와
끌러놓는 두루마리 속 우윳빛 귀엣말들

숨죽이며 귀 기울여본다
매듭진 가슴으론 들을 수 없다 한다
눈에 박힌 가시를 뽑은 후
바위에 부딪치고 산산조각 난
물매암을 보라한다

바람도 없는 공중에
오만 고뇌를 다 내려놓고 흩날리고 있는
발아래 저 물보라를 보라 한다

제 몸 부수고 부수어
깨어지면서도
주님의 순백한 하얀 미소를 보라한다

푸른 물길 속
달빛같이 들려오는 바다 소리
너는 나를 사랑하느냐 묻고 있다

향기 2

언제나 그렇듯 내 달려온 생의 차창 밖은
신기루를 보는 듯

마을 마을마다
내 시야의 마을엔
알록달록한 꽃향기가 수를 놓고 있다

환영일까 환상일까
내 옷섶 깊숙이 순장되어 있는
반신반의의 내 모습

총채를 들고 먼지를 떨어내듯
나는 나를 떨어내어 본다

어딘가 있을 주님의 것
주님을 찾아
나는 기도하고

아슴푸레 풀려나간
내 어깨의 근육을 옹골차게 그러모은다

이제는
내 여명의 전부가 된
흑백사진을 찍듯 명암의 윤곽이 명확한
십자가 향기
라일락 꽃 향 짙은 주님의 향기
모세의 두 돌 판처럼 들고

오랜 세월 풍화를 모르는 내 명치에
새겨둘 생의 꽃향기

뿌리

생의 근원인 너는
무엇으로 사는가

사람이 사는 세상은 하나같이
밝거나 어둠 속
사는 것으로 술래잡기를 하고 있단다

뿌리여
정녕 너는 무엇으로 술래잡기를 하는가
땀내 나는 수건으로 눈을 가린 채
땅속이거나 물속이거나 공중에서

우리들처럼 엉금엉금 기면서
혹은 두 다리로 갈팡질팡 마구
헤매고 있지는 않는가

나는 한동안 나의 뿌리를 찾으려
가슴에다 못질을 해댄 적 있단다

주님께서 주신 그 생명의 뿌리 외는
확실한 것이 없어
내 가슴팍 저 깊은 수렁에
청진기를 꽂아놓고
청문회를 열곤 한단다

이제 나는

이제 나는 나이기를 원하지
않겠습니다

머리털 한 가닥도
내가 지은 것 아님을 믿습니다

어쩌면 지금까지 내가 산 것은
모두 내 능력인 양 착각 속에서
그렇게 살아온 것이 참으로 부끄럽습니다

건드리면 옴츠리는 미모사 같은
내 마음
기암절벽같이 세우고 거기

이제 나는 바울처럼
오직 주님만을 기억하는 사랑을
빼곡히 심어 놓겠습니다

거울을 볼 때도
허상 아닌 실상의 주님을
눈 아리도록 섬기며 각인하겠습니다

자물통

단 한 번의 실수로도
산이 무너진다

강이 산이 되고
바다가 뭍이 된 후 그 옛 어느 날부턴가
사람들은 죽음을 배우기 시작했다

하나님이 뭍을 땅이라 부르시고
모인 물을 바다라 부르시니
하나님이 보시기에 좋았더라 *
하신 말씀
참으로 가슴을 찌른다

버릴 수 없는 애통함 속
간신히 웃음지어 보려하나
나의 죄과는
심장과 폐부를 찌르며 놓아두지 않는다

어디에도 죽음을 묻어버릴 수 없는
삶의 둔덕
주님이 아니고선 생의 수수께끼를
풀 수 없네
생사의 막다른 골목으로 달려가는
산 자의 과업, 그것은,
오직 기도와 회개로
주님만이 풀 수 있는
생의 자물통

* 창세기 1장 10절의 말씀

4월은

4월은 하마터면
노오란 개나리 꽃 덤불 놓칠 뻔했다

왠지 모르게
아이가 된 나는
가슴 속 펴 올린 뗴구름
내 기억의 촉수를 빳빳이 세워준다

아직은 가을도 아닌데
마음이 맑아야 보여주곤 하던 꽃구름 너머
반기며 손짓하고 서 있는 저 높푸른 하늘은

겨우내 옴츠렸던 까슬까슬한 살갗 속에서
언 손을 호호 불며 녹여내던
내 어렸을 적 탬버린 같은 추억의 소리를 되살려준다

4월은 끊임없이 솟구치는 희망이다
불가능이라 일컫던 일들도
미소 지으며 들풀들을 방목하고 있다

진창이거나 움푹 파인 물구덩이에도
희망은 살아있어
나를 건져 올려 주시던 주님의 손길은
어느 뉘도 흉내 낼 수 없는
영원불멸의 사랑이다
나의 진한 호흡이다

거울을 보다가

거울을 보다가
정말 알 수 없는 깊은 수렁에 빠져
허우적거리는
내 모습 봅니다

어디선가 본 듯한 얼굴
무채색의 그 무엇이
나를 옭아매고 있습니다
거울 속, 분명 나를 본 것임에도
거긴 내가 없습니다

어쩌면
형언할 수 없는
억겁의 기쁨에 사로잡힌
회한悔恨의 아픔이거나 눈물일 그 무엇

하면서도,
무언無言의 침잠沈潛 속 지어보는,

당신의 미소일지도 모른다는
아직도 믿음 얕은 일상 속 끝자락을 붙들고

그 내 미미한 가슴에
손을 내민
따뜻한 당신의 미소에

나는 미칠 듯
넋 잃고
두 손 모읍니다

부활의 예수님

아무도 가지 않는 가시밭길을
그 험난한 길을 예수님 혼자 가시네
십자가를 지고 골고다로 가신 후
예수님은 말씀대로 정말 삼일 만에 다시 살아나셨네
너희가 기도할 때에 무엇이든지 믿고 구하는 것은
다 받으리라 하시던 예수님의 말씀을,
네 이웃을 네 자신과 같이 사랑하라 하시던 말씀을
건성으로 듣거나 믿지도 않고
희희낙락 조롱하며 따르던 자들이여
자신의 죽음과 부활을 세 번씩이나 이르셨건만,
안식 후 첫날 새벽,
맨 먼저 무덤으로 달려간 막달라 마리아에게
부활하신 자신을 보이셨건만,
막달라 마리아도, 그림자처럼 따르던 제자들도
처음엔 아무도 믿지 않았네
믿음을 자처하고 있는 나는 누구인가?
지금도 살아계셔 나와 함께 계신 데도

죄 사함을 위해 죽으셨다 부활하신
그 예수님을 보지 못하고 회개하지 못하고
믿는다 하면서도 믿음이 없는 자여
혹 나의 유익을 위해
나도 예수님을 이용하고 있지는 않은지?
회개하며 참 믿음으로
기도와 찬양과 복음 들고 예수님을 따르리
언제나 힘주시는 부활의 예수님

목소리

사각의 빈 탁자 위에 영근 무료함을 내려놓고
가슴둥지에 까치집을 짓는다
종횡무진 얽어놓은 시간의 정체에
산란해 놓은 나의 사념思念이
파아랗게 싹트고 있다
먼 옛날 바울이 걸던 들녘의 둔덕에서
아스라이 뜀박질하고 있는 내 심음心音의 박동
나는 아직도 사랑이 어리고 여리나
더욱 가슴을 열고 힘차게 찬송하며
잡초 우거진 들녘으로 달려 나가리
세상 욕정 다 비운 마음에
서로 사랑하란
아련히 들려오는 주님의 목소리
내 맥박 속에 촉촉이 녹아든다

✍ 후기

참으로 신자답게 살고 싶었습니다

임만근(시인)

주님을 믿는다며 교회를 다니면서도 산다는 것이 얼마나 힘든 일인가를 또 새삼스럽게 느껴본다. 어떤 어려움을 만났을 때 〈이런 건 아닌데… 〉 또는 〈이래서는 안 되는데… 〉하는 생각과 맞닥뜨려 그때마다 주님께 의지하며 문제를 해결해 보려 노력해 왔던 것이다.

그 노력은 자신에 대한 도전이기도 했다. 무모한 도전인 줄 알면서도 용기를 내어 보곤 했다. 그 용기가 믿음으로 삶의 값어치를 더하고 더욱 신명나게 해 주기를 바랐으나 삶은 내 생각대로 꼭 그렇게 되는 것만은 아니었다. 거의 8할은 괴로움과 고통의 연속이었다.

2010년 4월 19일, 아내와 함께 아침 기도를 드릴 때였다. 아내와의 지난날을 생각하며 미안함과 고마움에 처음으로 나는 눈물콧물까지 흘리면서 대성통곡을 했다. 주님이 나를 찾아오셨던 것이다. 대성통곡 속 죽을 수밖에 없는 죄인임을 깨닫고 주님께 내 죄를 자복했다. 그러나 자복하던 그 마음도 오래가지 못하고 몇 해를 그저 입버릇처럼 아침마다 입으로 기도만 드려왔다. 생각으로는 내 가슴 속에 주님이 살아계셨으나 실상은 그렇지 못한 삶을 살고 있었음을 부인할 수 없다. 그 흔적들을 여러 시편 속에서 찾아볼 수 있는데 나 자신이 얼마나 위선적이며 자신을 변명하기에 급급했던가를 「가을 그늘」과 「하얀 꿈」에서 찾아볼 수 있다.

〈전략〉

그것도 잠시, 너무 먼 길을 혼자 온 듯
잎 떤 배롱나무 가지에 머문 가을 그늘이
쭈뼛쭈뼛 갈기를 세우고 나를 노려볼 때
빛이 짓는 그늘보다 더욱 짙은 내 마음의 그늘

—「가을 그늘」 중에서

베수비오화산 재에 묻혀 화석이 된
폼페이 사람 몇 보았다
지금도 저들은 무슨 말을 하고 있을까

〈중략〉

폼페이 사람들도 한때 꾸던 꿈은
하얀 뭉게구름이고 정직한 바람이고 싶었을 게다

〈후략〉

—「하얀 꿈」 중에서

이렇듯 주님은 내 가슴 속에 계시지 않고 마음 따로 믿음 따로 겉돌고 있었다. 진정한 믿음보다는 어떻게 하면 보다 더 좋은 시를 쓸 수 있을까 고뇌하는 그것이 나의 전부였고, 시가 쓰여 지지 않을 때마다 내 마음을 아프게 했다. 아파하는 만큼 시는 잘 쓰여지지 못하고 물매암처럼 그 자리에서 맴돌았다. 상한 마음을 다독거리며 스스로 위로하고 보다 더 좋은 시를 쓰기 위해 나는 얼마나 많은 날들을 고뇌해 왔는지 모른다. 솔직히 나와의 詩作싸움에서 나는 패배자가 되어 몸부림치며 매우 슬픈 마음이 되고 있었다. 주님을 섬기기보다는 詩作에 몰두하였고 그 끈을 내려놓지 못한 채 詩心을 얻고자 무던 몸부림쳤다. 고향을 찾아가 시의 깊이를 더해보려 해 보았으나 오히려 그 같은 내 몸부림은 더욱 나를 슬프고 아프게 했다. 그 감정을 「강가에서」와 「열대야」에서 조금은 느껴볼 수 있다.

〈전략〉

긴 강둑을 따라 뿌려놓은
어딘가 남아 있을 내 체취 간 곳 없고
바싹 마른 코스모스 빈 꽃대들만 오도카니 떨며
몇 날 흐느적거리고 있었네
빼곡한 건물 사이로
내 목덜미를 옥죄어 오는 싸늘한 외로움만 녹슬고
한가윗날 덩덩 북을 치며
소싸움 열을 올리던 그 강가에 서서
나는 슬픔마저 잃어버렸네

〈후략〉

—「강가에서」 중에서

「강가에서」는 실향민 같은 처연함을 느낄 수 있다면 「열대야」에선 노래라기보다는 뜻을 못 이룬 상실감에서 오는 아픔 같은 넋두리였다.

이토록 긴 밤은 없었습니다
낮밤을 분별할 수 없는 뜨거움이
장티푸스 앓듯 앓고 있습니다
나를 더욱 열불나게 만드는 건
드르륵 드르륵 가슴을 긁는 저 불협화음의
낡은 선풍기 소리
그 틈바구니에서나마
나는 잠을 청해 보려 눈꺼풀을 덮습니다
한 해를 헛살았습니다
또 한 해를 헛살았습니다
그리고 또 한 해를 더 허무하게 헛살았습니다
손톱에는 진물이 납니다
산야를 온통 뒤엎어 놓은 듯 잡풀만 무성한
불가해의 저 선풍기 소리에
잠을 이룰 수 없습니다
하지만 내일을 위해
깊은 잠을 자 둬야 합니다
붉은 곰처럼 말입니다
마룻바닥에 머리를 대고 눕습니다
마룻바닥은 그리도 평안하고
시원할 수가 없습니다
조용히 눈을 감습니다
스르르 잠이 옵니다

—「열대야」 전문

목마름을 해갈하지 못하고 마음이 갈급해 갈수록 내 마음은 더욱 간절하고 병이 되어 깊어만 갔다. 차츰 연륜을 더해 갈수록 아픔도 더해갔다. 곪아 터진 자리에 오랜 투병 끝 이윽고 새살이 돋으며 나에게 확연한 변화가 오기 시작했다. 마음의 치유방법을 다른 각도에서 찾기 시작한 것이다. 그전까지 나는 기독교인이 아니라 시인으로서 자연 속에서 해답을 찾아 좋은 시를 쓰고자 무던 애를 써왔다. 그러다가 대성통곡 속 온전히 주님을 만나고부터 차츰 눈을 밖으로 돌려나갔던 것이다. 「닻」과 「파도의 눈」에서 그 흔적을 찾아볼 수 있다.

내 몸 가장자리에 걸터앉은 닻은
크낙한 바다그물을 던져
깊이를 측량할 수 없는 바다를 연신 끌어올린다
구름 한 점 없는 하늘이 또 내 닻에
끌려 내려 와 몇 점 섬들을 정박하고 있다
새벽부터 침 마르게 달려온
이방인들을 쌍수 맞으며 한나절을 풀어놓더니
천고만대의 장엄한 호흡, 그 지칠 줄 모르는
출렁임으로 나의 바다는
닻 속 요요히 나부끼고 있다

유람선에 매달려 펄럭이는 저 하이얀 포말의 비단자락은
적요 위에 갈매기들을 무리 섞어 풀어 놓고,
뱃머리에 매달린 이방인들은
저마다 품고 온 시름을 한 순간 닻 속에 내어 던진다
그 순간 누군가 애타게 손짓하며 목 놓아 나를 불러도
나의 닻은 정박을 모른다
질주하는 차량들과 적과 동침하듯 조바심하며 사는
큰 시멘트 덩어리의 아파트와
행랑처럼 딸린 병원과 숲을 이룬 공장들을
바다 위 내려놓고
나는 고집스레
우직한 내 바다를 가볍게 끌어올린다

—「닻」 전문

이렇듯 「닻」에서는 일상의 수고와 그에 수반되는 고통을 잊어보려고 그 고통을 가슴 속 깊숙이 묻고 시선을 밖으로 돌려 노래하고 있는데 반하여 「파도의 눈」에서는 그동안의 아픔을 다 잊은 듯 명쾌한 모습으로 초연하게 덩실덩실 춤을 춰본다. 노인은 곧 나였다. 나 자신임에 위로가 되었다. 놀라운 변화임에 틀림없었다. 용기 있고 결난성 있는 나의 새로운 면모이기도 하였다. 나는 내 스스로의 결단에 놀라지 않을 수 없어 이렇게 노래했다.

〈전략〉

저 바다 끝자락에서 너울을 끌어 온다
두 팔을 쳐들고 하얀 갈매기 날갯짓 하며
나이를 잊은 듯 어느새 큰 산을 끌어안는다
발끝에서 발뒤꿈치로 옮겨가는 팽이돌림
노인은 금방 로봇이 된다 팔이 물결치듯 꺾인다
부서졌다 다시금 일어서는 하얀 포말
시종일관 산지사방 금 간 얼굴은 싱글벙글
칠순을 더 살았을 불사신의 몸으로
살아온 저 초점 놓지 않는 눈은 선창 너머 먼 바다
수평선을 붙잡고 아 영면의 길 닦기라도 하는 듯

〈후략〉

—「파도의 눈」 중에서

그런 결심도 무색하리만큼 하루하루가 다르게 내 마음은 갈수록 번민도 함께 자라갔다. 스스로의 영어에서 벗어나 참 나를 찾기 위해 무던히도 위안을 해 보았다.

〈전략〉

이 순간 세찬 물보라들이 나를 덮어 와도

나의 위안은 아랫목같이 따뜻하다
마음 한 구석 아무렇게나 구겨 넣어도
아프지 않을 저녁놀
깃발을 꽂으며 서서히 잠행하는
나의 분홍빛 침묵

—「오이도에서」 중에서

그러나 위안은 좀체 성에 차지 않았다. 자신의 굴레에서 훌훌 벗어나 보려 몸부림치는 모습을 「막차도 놓치다」에서도 읽어낼 수 있다. 자신의 허물을 벗어보려는 몸부림은 여간 아픈 것이 아니었다.

막, 손을 뿌리치며 막차도 떠나고
나는 허둥지둥 달려가는 꼬리를 보고 섰다
다음 차가 오지 않을 것을 알면서도
아쉬움 지우지 못하고
잠시 후면 지하철 역사의 셔터는 닫힐 것이고
역내 등은 꺼지기 시작할 것이다
그러면 나는 이곳에서 떠밀려 어디론가 가야한다

〈후략〉

—「막차도 놓치다」 중에서

그야말로 어둠 속에서 온전한 자신을 찾기 위해 〈햇살을 보며, 꿈을 찾아서, 아픔을 딛고, 다시 동녘하늘을 바라보는 일념으로〉 주님을 붙들고 의지하며 날마다 기도로 발걸음을 떼어놓으려 안간힘을 써보았던 것이다.

목이 말라올수록 詩作보다는 주님께 더욱 의지하여 참으로 신자답게 살고 싶었다. 그 심정을 5부 「믿음으로」에서 볼 수 있다. 주님께 모든 것을 내어 맡기고 날마다 아내와 함께 아침 기도를 드릴 때 나의 주를 섬기는 마음은 금강석 같이 단단하고 빛나갔다. 이루 말할 수 없는 행복감 같은 것을 느낄 수 있었다.

자신과 타인들을 사랑한다 하면서도 삶을 통해서 파괴적이고 과격한 언어로 우리 스스로가 파멸의 길로 줄달음치고 있지나 않은지 술회하며 솔직한 심정으로 그 심경을 나는 「나를 모르는 그대에게」와 「아마도 우린 모두」에서 더듬어 보고 있다.

누군가에게 편지를 쓴다
한 번도 통성명 해 본 적 없는 그대에게
어디에 사는 누군지도 모르는

내 편지는 허구의 바람
어느 누구에게도 개봉해 보일 수 없는
나의 관상동맥 같은
비밀을 가졌기 때문이다

나는 이미 죽었고, 살아있다 한들
내 횡격막은 이미 멈춘 지 오래이기 때문이다

사람들은 제 산 죽음을
인정하지 않으려
산인山人은 산에 오르고
어부는 그물을 깁고 바다로 뛰어든다

저마다 웃음꽃을 피워보지만
소금기 절은 땀방울을 짓고 사나
모두 허튼 짓
제 과오가 무엇인지도 모르면서
당당하다

밝을수록 숨길 수 없는
참혹할수록 속일 수 없는 죄목
부끄럼 가지고는 하늘을 우러러 보지 못할
모두 죄인인 것을 깨닫지 못하고

나는 나를 모르는 그대에게
나도 모를 한 줄의 편지를 쓴다
—나는 사람이 아니었네!

—「나를 모르는 그대에게」 전문

아마도 나는 간교한 뱀이었을 게다
여자를 꾀어 선악과를 따먹게 한

아마도 나는 도깨비바늘이었을 게다
누군가 길을 잃고 들녘을 헤맬 때
옷자락에 덕지덕지 달라붙어
자신만을 위해, 아주 편히,
오직 자신의 기회만을 포착하는

아마도 나는 돌개바람이었을 게다
밤과 낮, 때도 없이 칼날 같은 갈기를 세워
미친 듯 선량한 나뭇잎을 찢고
가난한 자의 지붕과 벽을 부수고
목숨까지 앗아가며 횡포를 부리는

아마도 나는 박테리아였을는지도 모른다
어딘가 조직과 기관에 들러붙어 야금야금
맛나게 세포를 포식하며 야금야금

이런 나를 위하여
주먹으로 가슴을 치며
통탄할 그날을 위하여
다시 태어날 나를
에둘러 보게 하심이었을까
아마도 나는
그 먼 옛날 성자였을 게다
아니, 아마도 우린 모두
틀림없는 성자였을 게다

—「아마도 우린 모두」 전문

그렇다고 우린 삶을 본받을 것 없는 생이라고 단정하며 방관해서도 포기해서도 안 된다고 나는 노래하고 있다. 돌아보면 얼마든지 희망을 찾아볼 수가 있기 때문이다. 살 만한 가치가 있는 아름다운 생임을 이웃에게서 발견할 수도 있고, 하나님과 이웃으로부터 사랑받을 만한 가치가 있는 사람이 곧 나 자신임을 깨달았기 때문이다. 사회가 혼탁할수록 사랑의 둥지를 짓고 어떻게 살아야 하는가를 깨달아 스스로의 존재가치를 그릇에 담아야 한다. 그래서 하나님의 사랑, 그 사랑의 위대하심을 나는 「그릇」과 「징후」에서 이렇게 노래하고 있다.

—주께서 이르시되 가라 이 사람은 내 이름을 이방인과 임금들과 이스라엘 자손들에게 전하기 위하여 택한 나의 그릇이라 (사도행전 9장 15절)

하얀 사기그릇
자칫 쉬이 깨지기 쉬운 나는
사기그릇입니다

나는 그 그릇에
시기도 역정도 넘치게
담을 수 있습니다
하지만 회개와 용서와 사랑만 담아 어디든
전할 수 있는 그릇이고 싶습니다
날마다 나의 그릇 속에
기도와 자복으로
회개하며 온몸 푹 잠기게 담아 봅니다

(중략)

마음에 금이 가고
의혹으로 믿음이 지진처럼 흔들릴 때
십자가를 바라보며
내 그릇 한가운데 그 십자가를 세웁니다

(후략)

—「그릇」 중에서

주님에게 나는 꽃이고 싶었으나
세상은 나를 돌이 되라 했습니다
가난이 한 몫을 한 것이지요
눈물짓는 법을 습득하고 싶지는 않았지만
고비 고비마다 어느 날부턴가 나는
주님 앞에서
벙어리같이 우는 법을 익혔습니다

주님을 만난 후 나는 작아지고
돌멩이 위에다 화초를 심기 시작했습니다
나를 죽이는 법도 조금씩조금씩
울을 쳐 나갔습니다

아픔이 클수록
더욱 울창해 보이는 사랑의 숲
주님은 이목구비가 아름답지도
가슴 능선이 황홀하지도 않지만,

내 생의 딱딱한 발목에
수종 들 족쇄를 채워 주었습니다

목줄을 단 애완견보다 나는
생의 행간에서 불문곡직 구속을 즐깁니다
오히려 그 구속이 내겐 속옷같이 평안하고 너그럽습니다

남은 날을 더 이상 울먹이며
달려갈 필요 없는
징후가
오늘은 안개비처럼 촉촉이 내려

—「징후」 전문

연륜은 헛되이 먹게 되는 것이 아니다. 「의자」에서 볼 수 있듯 이제 나는 하나님의 사랑 없이는 살 수 없고 하나님은 내 몸이 피곤할 때도 내 몸을 고여 주는 「의자」임을 깨달았다. 또 「깨침 2」에서는 나의 부족함을 다 아시고 미리 채워 주시며 나를 일깨워 주시는 하나님의 그 사랑에 그저 감읍하며 고백하고 있음을 읽을 수 있다.

(전략)

내 몸 하나 간수하는데도
이렇듯 어려울 순

사는 것이 뜻대로 쉽지만은 않아
내 기대와 내 생각으로는
내 편히 앉을 의자 하나 고일 수 없네
일평생 부족하기 만한 내 양식良識

(중략)
이렇듯
모든 것을 다 아시고
나를 위해 준비케 하시는 주님
뭣 하나 부족함도 과잉함도 없는
생의 일깨움

주님은 나의 의자입니다
—「의자」 중에서

영의 눈 밝아지면
빳빳한 두 팔이 날개가 되지요
근육이 나긋나긋해지고 춤을 모르는 사람
난생처음 너울너울 춤도 추게 되지요
말 잃은 자 말을 하고
이웃을 모르던
딱딱한 굴참나무가 입을 열고
죽창 같은 스승이 제자의 발 씻어주고
닫혔던 옥문이 열리고

거짓을 실토하게 되고
아비어미 죽인
원수의 잔등도 긁어주게 되지요
영의 눈 밝아지면
여리고성도 무너지지요

—「깨침 2」 전문

이제 나의 믿음은 아직 부족하지만 제법 성숙단계에 이르러 하나님의 사랑을 「바다 소리」와 「향기 2」에서처럼 하나님이 지으신 자연과 말씀 속에서 찾게 되고 은총을 노래하며 나 자신 하나님의 그 사랑 안에서 묵묵히 걸어가고 있음을 볼 수 있다.

정말 듣고 싶었다
정말 보고 싶었다

망망대해
헐떡이며 달려와
끌러놓는 두루마리 속 우윳빛 귀엣말들

숨죽이며 귀 기울여본다
매듭진 가슴으론 들을 수 없다 한다
눈에 박힌 가시를 뽑은 후

바위에 부딪치고 산산조각 난
물매암을 보라한다

바람도 없는 공중에
오만 고뇌를 다 내려놓고 흩날리고 있는
발아래 저 물보라를 보라한다

제 몸 부수고 부수어
깨어지면서도
주님의 순백한 하얀 미소를 보라한다

푸른 물길 속
달빛같이 들려오는 바다 소리
너는 나를 사랑하느냐 묻고 있다
—「바다 소리」 전문

(전략)

이제는
내 여명의 전부가 된
흑백사진을 찍듯 명암의 윤곽이 명확한
십자가 향기
라일락 꽃 향 짙은 주님의 향기

모세의 두 돌 판처럼 들고
오랜 세월 풍화를 모르는 내 명치에
새겨둘 생의 꽃향기

—「향기 2」 중에서

주님을 만난 이후 이제 나의 마음은 참으로 평안하고 형언할 수 없을 만큼 기쁠 뿐이다. 그 기쁨을 주신 분은 주님이시고 확고한 믿음을 주시는 주님이 계시기 때문임을 고백하며 회개와 믿음으로 주님께 영광을 돌린다. 하나님이 부르시는 그날까지 굳건히 살아가리라 다짐해 본다.